潮ワイド文庫——003

『民衆こそ王者』に学ぶ「民音・富士美」の挑戦

潮出版社

本書は、単行本『民衆こそ王者――池田大作とその時代』から抜粋し、再構成したものです。第一章から第三章は、民主音楽協会（民音）、東京富士美術館（富士美）を創立し、「文化」の力で心の壁を超えていく平和運動の歴史をひもときます。第四章と第五章では、「写真による励まし」の原点と数々のドラマ、そして写真家たちとの交流が綴られています。

編集部

『民衆こそ王者』に学ぶ

「民音・富士美」の挑戦

◆目次

装丁＝金田一亜弥
　高畠なつみ
カバー写真＝民音の招聘（しょうへい）によって日本での引っ越し公演が実現したミラノ・スカラ座の舞台「オテロ」（一九八一年九月）©聖教新聞社

第一章

「文化」を取り戻せ① 民主音楽協会（上）

「演奏を聴いて勇気をもらった」（十二歳）。「涙があふれてきました」（五十二歳）。「あの頃は、こんな場所に来れるなんて夢にも思わなかった」（三十四歳）。「テレビでは地震を振り返る番組が続き、気持ちは落ち込むばかり。でも、きょうはフルコースでおいしいご馳走を食べた気分。心がいっぱいになった。ありがとう」（四十八歳）

阪神・淡路大震災から十年を経た二〇〇五年（平成十七年）一月。民音（民主音楽協会）が主催した「震災十年コンサート」に寄せられた声である。

「音楽とは、これほどまでに尊いのだ」

池田大作の創立した民主音楽協会。「民音」の愛称で親しまれる。国内外の音楽家や舞踊家などを招いたコンサートを年間で約一〇〇〇回開く。一九六三年（昭和三十八年）の創立以来の鑑賞者数は、のべ一億一〇〇〇万人以上。日本一の音楽文化団体である。

阪神・淡路大震災では、民音の神戸サービスセンターがあった建物も全壊した。数矢正信（民音関西センター長）。「各地域でコンサートの告知などを行って民音の活動を支えてくださる、民音推進委員の方々の安否確認に回りました」。交通機関も道路も寸断されている。避難所から避難所へと自転車を漕いだ。

「家族を亡くしました」「家を失いました」。誰もがその日その日を必死にしのいでいた。ひと月たっても、公演の企画運営を再開する見通しすら立たなかった。

想像を絶する災害に直面した時、人は言葉を失う。「『いったい自分に何ができるのか』と問い続けた。心に重しがのしかかっていた」。

長年、民音の推進委員を務める一婦人を訪ねた。「一日も早う、民音の演奏会を再開してや！」。行く先々で、推進委員に明るく声をかけられた。「私らもその日を目指して頑張るからね。頼むで！」。

そうだ。語り得る言葉がなくても、音楽を届けられる。数矢は身を震わせた。「この地にもう一度、素晴らしいメロディーを」と誓った。

◇

当時、神戸サービスセンター所長だった三住重雄。自宅が被災した。音楽家に知人が多い。「自分たちに何かできないか」と声があがった。「こんな時に演奏なんかしていいのか、悩みました。でも、とにかく復興への一歩を踏み出そうと決めたんです」。震災から約二週間後。避難所の小学校で、仲間たちが慰問演奏をすることになった。楽器も十分にない。ギターや学校で使う鍵盤ハーモニカ、リコーダー（笛）などを持ち寄った。

校庭の片隅。静かに演奏を始めた。

「まず子どもが寄ってきてくれた。続いておばあちゃんやおじいちゃんが集まった」。「赤とんぼ」「故郷」「上を向いて歩こう」……寝てばかりいたおじいさんが起きて来た。手をつないで合唱し始める人々もいた。

演奏する側が驚いた。「音楽には、こんなに力があるのか」。

「震災十年コンサート」に出演したクラリネット奏者の稲本耕一。震災の翌月、神戸市東灘区の大きな避難所で演奏している。

「『震災後、初めて鰻丼が配られる』という日で、長い列ができた。でも皆さんは、鰻丼が冷めるのも忘れて、食べずに聴いてくださった。演奏していても指がかじかむほどの寒さだったのに！」

「『音楽とはこれほどまでに尊いのだ』と、私は被災者から教わった。ほどなく民音さんと出あい、喜んで協力することにしたのです」

九月二十七日。神戸文化ホールにブラジルの民族音楽が響いた。震災から八カ月、民音公演が復活した。客席には、仮設住宅から鑑賞に来た被災者の姿もあった。

大衆の魂に響く　民音
民衆の胸を打つ　民音
世界を音楽文化で結ぶ　民音
人間に生きる力を与える　民音

池田が贈った指針である。

代表理事の小林啓泰。「文化は一部の特権階級のためのものではなく、全人類に与えられた共通の宝である。私たちは創立者の池田先生から、このことを常に教わってきた」と語る。

七三年（同四十八年）から池田の提案で始まった民音の「学校コンサート」は、全国約四〇〇〇の小・中学校、高校で開催。これまで約一二五万人の児童、生徒たちが鑑賞してきた。「東日本大震災」の被災地では、「東北希望コンサート」を続けている

（合計四十四都市で六十六回の公演、二〇一七年十一月まで）。

池田は、なぜ民音を創立したのか。そしてどのような交流を行ってきたのか。その歩みを辿りたい。

少年たちに偉大なる夢を

「今は殺伐とした社会です……」

東京・世田谷の成城。二十一歳の池田大作が、詩人の西條八十と向き合っていた。

池田は西條に訴えた。

「だからこそ、先生、少年たちに偉大なる夢を与えきれる詩を、ぜひ書いてください」

敗戦から四年後の一九四九年（昭和二十四年）。〝フジヤマのトビウオ〟古橋広之進が水泳で三つの世界新記録を出し、湯川秀樹がノーベル物理学賞に輝いた。この年の秋、池田は雑誌「少年日本」（前身は「冒険少年」）の編集長として、新年号の準備に奮闘中だった。

日本経済は空前のインフレと、それに続く「ドッジ・ライン」による激しいデフレ不況に苦しめられた。戸田城聖（創価学会第二代会長）が経営する「日本正学館」も悪戦苦闘を強いられる。池田はこの年の一月、同社に入社。五月から少年誌の編集を任されていた。

江戸川乱歩、横溝正史、野村胡堂、山岡荘八など、作家たちの家へ原稿依頼に走った。そのなかに西條八十もいたのである。

端正な顔立ち、秀でた額が印象的な西條。池田の申し出に、ゆっくりと口を開いた。「偉大なる夢……いい言葉だ」。執筆を快諾した。

◇

「かなりや」「蘇州夜曲」「誰か故郷を想はざる」「越後獅子の唄」「王将」など、数多くの名作を生んだ西條。童謡詩人の金子みすゞを見出したことでも知られる。

池田に原稿を依頼された年の夏、西條が主題歌を手がけた映画「青い山脈」が公開された。「青い山脈」は〈(作詞・作曲を担当した）西条八十と服部良一がいなかったら、私たちは〈復興〉し損ねて、いまごろどうなっていたかわからない〉（演出家・作家の久世光彦、『マイ・ラスト・ソング』文春文庫）とまで評され、「昭和」を象徴する大ヒット曲となった。

その西條には、三十一歳の時に体験した、強烈な原点があった。

関東大震災の夜に聴いたハーモニカ

一九二三年（大正十二年）九月一日の正午前。相模湾沖を震源とするマグニチュード7・9の地震が関東地方を襲った。死者・行方不明者十万人を超えた「関東大震災」である。

東京の柏木（現在の北新宿）に住んでいた西條。避難者の群れにもまれ、外出したまま目的地に向かうこともできず、上野公園で夜を明かした。

〈世界の終りに面したような悲痛な表情がみなぎっていた。みんな疲れはて、喘いでいた。見はるかす市街は一面猛火の海である。……この避難所そのものさえいつ猛火の餌食になるか、それさえも判らなかった〉（西條八十『西條八十　唄の自叙伝』日本図書センター）

◇

それは、深夜の出来事だった。〈人々は、疲労と不安と餓とで、ほとんど口をきかなくなってしまった。化石したように、坐り、蹲み、横たわっていた〉（同）。

隣に十五歳くらいの少年がいた。西條は驚いた。その少年がポケットから銀色のハーモニカを取り出し、突然、唇に当てたのである。

〈少年は悠然とその小さい楽器を吹き始めた。それは誰も知る平凡なメロディーであった〉（同）

気の立った群衆が怒るのでは——西條は危惧した。しかし、反応は予想外だった。

〈（人々は）緊張が和んだように、或る者は欠伸をし、手足をのばし、或る者は立ち上って身体の塵を払ったり、歩き廻ったりした〉（同）。

〈その単純なメロディが、凄惨な天地の中に、慰撫の天使の喇叭のごとく、やわらかに響くのを感じた。このときの感動が、後日ぼくにレコード歌を書かせる契機となったのであった〉（『私の履歴書』日本経済新聞社）

フランス文学に精通し、先鋭的な詩人だった西條。「流行歌の作詞家なんかになって」と蔑む人々もいた。歯牙にもかけず、わが道を歩んだ。

池田は後年、西條に原稿を頼んだ当時の思いを述懐している。

〈……「歌とは、流行歌とは、これほど人の心を動かすものか！」。（西條氏は）そう痛感されたそうである。大震災に似て、戦後の東京も、焼け跡からの出発であった。心の焼け野原は、もっとひどかった。今また、ハーモニカを吹き鳴らさなければ！〉

（二〇〇一年四月三十日付「聖教新聞」）

「個人も団体も、『民衆が味方』である限り強い」

一九六三年（昭和三十八年）十月十八日、午後六時半。東京の文京公会堂は多くの人でごった返していた。

創価学会の音楽隊で構成された吹奏楽団が、行進曲「錨を上げて」を奏でる。民音の創立記念演奏会が幕を開けた。

日本を代表する指揮者の近衛秀麿。民音に期待した。「民族に新たなる音楽を。私は、この新しい民族的な音楽活動が……全国的に、栄えることを祈り、かつ期待する」。

いっぽう、一部の評論家は「民音も、発足のときにうまいことをいっても、あとでなにが出てくるかわからないところがある」と邪推した。

当時は「労音（勤労者音楽協議会）」が広く支持を集めていたが、政治勢力に左右されていた。民音もそうなるのでは、と疑う向きもあった。

しかし民音が歩んだ道はまったく違った。現在、言葉も宗教も政治体制も異なる一〇八カ国・地域と交流をもち（二〇一八年四月現在）、日本が世界に誇る音楽文化団体となった。

〈「名誉のための芸術」「格好だけの芸術」——そんなものは皆、虚栄である。「民衆のため」であるかいなか。すべての焦点は、この一点にある。この一点を軽視しているところに、現代日本の文化の薄っぺらさがある〉(『池田大作全集』第八十八巻、聖教新聞社)

一貫した池田の信条だ。

〈個人も、団体も、「民衆が味方」であるかぎり強い。学会も「民衆の集まり」だからこそ強いのである。だれにも壊すことはできない。また、だからこそ民衆を、会員を徹底的に大切にするべきなのである〉(同)

民衆こそ根本。池田のこの信条が、世界各国との文化交流の扉を大きく開く原動力となった。

子どもは私たちの未来

ブルガリア共和国にドブリチという町がある。ソ連時代はトルブーヒンと呼ばれた。一九七五年(昭和五十年)、民音は、この町が育て、〃ブルガリアの花園の小鳥〃と呼ばれる「トルブーヒン少年少女合唱団」を招聘した。

ブルガリア東端のトルブーヒンから、西にある首都ソフィアへ。市長と団員の父母の代表七、八人が、民音との契約のためにやって来た。

すでに契約内容は決まっている。しかし、いざ契約書にサインする際、ペンを持つ市長の手が震えた。同席していた民音代表の吉田要は、市長に声をかけた。「契約に何か不備があるなら、どうぞおっしゃってください。何でもうかがいます」。

「……よく聞いてくださいました」。ペンを置いた市長。「私たちは、第二次世界大戦でたくさんの若者、子どもを失いました」。緊張した表情のまま、胸の内を語り始めた。

◇

十四世紀からの五〇〇年、ブルガリアはオスマン帝国の圧政に苦しめられた。〈ブルガリアという国は、征服によって、政治ばかりでなく文化的にも破壊されてしまった……ブルガリアの言語や文学までもが滅びたかのように思われた〉（R・J・クランプトン『ブルガリアの歴史』創土社）。

しかし、山岳で、農村で、都会で、住む場所や職種によって異なる、何百もの歌と踊りが生まれた。美しい山河を讃え、権力を揶揄した。ブルガリアは「合唱の王国」といわれる。その歌声は、抑圧に耐える庶民が絞り出した〝生の証し〟でもあった。

戦後、トルブーヒン市は全市の学童から合唱団員を集めた。〝合唱団そのものが学校〟と言われるほど音楽教育に力を入れた。やがて数々の国際コンクールで優勝し、世界最高峰の合唱団となる。

「やっとの思いで、ここまで子どもたちを育ててきた。ヨーロッパ全土で注目を浴びるようになった」「しかし、子どもたちが日本に行くにあたって、もしも飛行機が落ちでもしたら、わが町の未来は全滅です。もう、二度と立ち上がれないでしょう。それを思うと……」。絶句する市長。父母たちも泣き始めた。「子どもたちは皆、日本行きを楽しみにしています。しかし親としても胸が苦しい」。

一生涯、語りぐさにできるような公演を

はるか彼方の未知の国へ〝わが町の未来そのもの〟を送り出すのが不安だ……市長の訴えを聞き、吉田は胸を打たれた。

「皆さんの気持ちは、よくわかりました。私たちも同じ気持ちでございます」。池田から常々教わってきた民音の設立理念を、通訳にも理解しやすいよう、丁寧に語り始めた。

「どうぞお考えください。私たちの団体を、創立者である池田会長が、どうして設立したのかを。それは、子どもたちを二度とそういう不幸に遭わせないためなのです。池田会長の師匠である二代会長も、初代会長も、先の戦争で軍部政府に抵抗し、牢獄に入れられました。そして初代会長は七十三歳で獄死しました」

市長たちの表情が変わっていった。まったく知らない歴史だった。

「あなた方のお子さんは、あなた方の宝であると同時に、私たちの宝です。父親の心、母親の心で、責任をもって迎えます。少年少女たちが一生涯、語りぐさにできるような公演にします。この町の誇りとなるように、全力を尽くします」

懸命に語った。市長は再びペンを持っていた。「わかりました。喜んでサインさせていただきます。一瞬でも疑ったことをお許しください」。父母たちも続けてサインした。

◇

「人口十万ほどのトルブーヒンに大きなビルなどなかった。つつましやかに暮らす、質実剛健な気質の人々でした」。民音職員として交渉に携わった平井陽（当時、企画局長）は語る。

ブルガリアから飛び出した「花園の小鳥」たち。名古屋、徳島、熊本、金沢、仙台、諏訪など日本の二十一都市を回った。来日して初めて耳にした歌を、その二日後には日本語で完璧に歌うなど、世界一の実力を遺憾なく披露。「私も色々な国の合唱団を知っているが、彼らほど純朴で飾り気がなく、人間的な合唱団はない」（音楽評論家の園部三郎）。

東京の創価学園では、創立者の池田が出席した第八回「栄光祭」の一環として、盛大な交流会が行われた。「アジア大陸の端っこに浮かぶ小さな国、日本。そこに住む僕たちの生活にも、昔からの伝統が残っています」――学園生は「花いちもんめ」などの童謡や和太鼓で歓迎した。

公演の最終日（東京厚生年金会館）。アンコールが何度も続いた。最後に合唱団は、「今日の日はさようなら」を歌った。美しい日本語だった。

「いつまでも　絶えることなく　友達でいよう……信じあう　よろこびを大切にしよう　今日の日は　さようなら　また逢う日まで」（JASRAC　出1211449―201）

「客席からすすり泣きが漏れた。指揮者もピアニストも泣いていた」。舞台袖から見ていた平井。「緞帳が下りた瞬間、わんわん泣き崩れ、スタッフと抱き合う団員もいた。感動的な公演になった。各地の民音推進委員の会合でも、しばらくはトルブーヒンの話題ばかりでした」。

最終日の三日前。北海道の帯広でも、合唱団は市をあげて歓迎されていた。その前日、札幌では地元テレビのワイドショーに出演。放映時間を延ばすほど好評だった。「日本で印象深く楽しかったことは?」との質問に、団員たちは「創価学園での交流です」と笑顔で答えている。

二〇一八年四月までにブルガリアと民音が重ねてきた文化交流は十一度にわたり、公演回数は二一二回を数える。

ナターシャおばさん

「文化」こそ、「戦争」を憎む人間にとって〝最強の武器〟である。池田が刻んだ文化交流の歴史は、戦争に苦しめられた人々の〝証言集〟ともいえる。

◇

その女性は泣いていた。

女性の名はナターリヤといった。一九九〇年(平成二年)十二月、都内のホテルの一室。朝の光に包まれた窓際。ソファに深く腰を沈め、さめざめと涙を流していた。

部屋に入った斎藤ベンツ・えく子。SGI(創価学会インタナショナル)のロシア語

モスクワ児童音楽劇場総裁のナターリヤ・サーツとの初めての出会い（1981年5月、モスクワ）。「子どもたちのためにも交流を具体化したい」――池田の申し出に、「大変うれしい」と語る。翌年、日本初公演が実現した ©Seikyo Shimbun

公認通訳である。ただならぬ雰囲気を感じ取った。「どうしたんですか?」。八十七歳のナターリヤは静かに答えた。

「日本公演の間、ずっと池田先生と同じ大地を歩き、いつも一緒にいる気がしていたの。それも今日で終わり。もう最後の別れになるかもしれない。それが、辛い」

ナターリヤ・サーツ。「世界初の、子どものためのオペラハウス」として名高い「モスクワ児童音楽劇場」の創設者である。民音の招聘による来日公演を終え、ロシアへ帰国する朝のことだった。

◇

一九〇三年(明治三十六年)生まれ。作曲家の父をもち、スタニスラフスキーに演出を学んだ。父の友人だった作曲家・ピアニストのラフマニノフからも影響を受けた。七十年以上、「子どものための芸術」に身を捧げ、「ナターシャおばさん」(ナターシャはナターリヤの愛称)と親しまれた。

夫のヴェイツェルは通商大臣だった。スターリンの粛清に遭い、でっち上げの罪で投獄。児童劇場を運営していたナターリヤも一転、「人民の敵の妻」と責められ、シベリアの強制収容所に送られた。三十四歳だった。囚われの日々は五年続き、自由の身になるまで、さらに十年以上の歳月を要した。その苦労を自伝(『私が見つけた

「青い鳥」』潮出版社）に書き残している。

シベリアの外気は零下四十度にもなる。「何としてももう一度生きたい」。自分に言い聞かせた。この最悪の場所で、「再び児童劇場をつくる」と決意した。収容所と交渉を重ね、収容されている人々を集めて即席の劇団をつくった。強制労働の行き帰りで台詞を暗記した。

亡き父は、かつて教えてくれた。「困難っていうのは、乗り越えるためにあるんだ。それが生きる醍醐味ってものさ。だからね、目標がはっきりしたら、心を決めるんだよ。君になら、きっとできるよ」。

後にナターリヤは、SGI公認通訳の斎藤に語っている。「スターリンの時代、祖国を離れて書き残そうとした歴史家もいたわ。でもね、私は収容所の真っただ中で真実の歴史を書き始めたの。それこそが私の誇りよ」。

◇

収容所から解放された時、夫は銃殺されていた。息子は戦地に赴き、娘は孤児院に。母アンナは……ナチスの爆撃で受けた傷が悪化し、亡くなっていた。母は家から避難する時、「娘の舞台衣装と日記帳」を持ち出していた。「まだこれから、ナターシャに必要になる時が来るから」。そう言い残し、友人宅のソファで息をひきとった。

母の最期の様子を聞いた夜、その同じソファで眠った。夢を見た。笑顔の母と再会した。

「……歌うのよ、ナターシャ、何があっても歌うのよ。人生って、それは楽しいものなんですから」

劇場に〝太陽〟が入ってきた

「子どもたちには、この世で一番いいものを、大人のため以上に本物の、一番美しいものを贈るべきです」

この信念で働き続けたナターリヤは、六十五歳で念願の「モスクワ児童音楽劇場」を創立。池田が同劇場を訪問したのは、一九八一年（昭和五十六年）五月だった。どの子どもも〝人類の宝〟として大切に――池田の信条にナターリヤはすぐさま共感した。その出会いをさまざまな機会に回想している。

「私は劇場に〝太陽〟が入ってきたと思った」「池田先生は、小さい子らに日本のおもちゃをプレゼントしてくれた……優しいまなざしをおくる大きな人。その人のまわりで無邪気に日本のおもちゃを鳴らしながら一緒に館内をついて歩く子どもたち……」。

劇団のある女優は言った。

「今までいろんなハプニングがあったけど、こんなことは初めてだわ」

「あっという間に、子どもたちの心をとらえてしまった先生。その聡明さ、率直さ、また純粋さ。そうした先生の心が、私たちの劇場と民音との交流のスタートとなりました」

◇

ソ連で、東京で、神奈川で、ナターリヤは池田と七度、対話を重ねた。

〈彼（池田）との芸術談義は非常に興味深いものとなった。ヨーロッパ芸術に対する彼の理解の深さはただならないものがあり、音楽でも文学でも、彼の視点は独創的で魅力的だった〉（『私が見つけた「青い鳥」』潮出版社）

モスクワ児童音楽劇場は日本で二度公演し、大成功をおさめた。その交流のなか、彼女が生涯にわたって貫いた強い意志と、天真爛漫な人柄を彷彿させるエピソードがある。

ナターリヤが九十歳の生涯を終える四年前（一九八九年）。池田との会見に、来日公演を支援する、ある日本企業の幹部が同席した。池田のほうから先に、彼らに対して「よろしくお願いします」と頭を下げた。

その瞬間、ナターリヤの顔色が変わった。「池田先生が、そんなことを、おっしゃる必要はありません！」と怒り、ぴしゃりと言った。

「日本とソ連の文化交流の道を開いてくださったのは池田先生です。『よろしくお願いします』とお願いするのは、皆さんのほうですよ」

「一流を見よ。三流とつきあうな」

池田の師・戸田城聖が作った青年育成のグループ「水滸会」。その出身者たちが異口同音に振り返る指導がある。「一流を見よ。三流とつきあうな。そうすれば、ごまかされない」。

戸田の時代、ある学会員が「仕事の関係でキリスト教の歌を歌わねばならないのが嫌だ」と質問した。戸田は笑いながら言った。「どんどん歌えばいい。宗教が違うからと拒否していたら、世界文学だって読めないじゃないか。その歌を聴いて、歌って、作った人の心、境涯がわかるようになる。そのために信心をするんだよ」。

池田もまた訴え続けている。「芸術とか哲学、宗教は、また人生は、『超一流』に、いきなり触れることです」（『法華経の智慧』普及版〔下〕三三四ページ、聖教新聞社）。「二流・三流を見ていたら、一流はわからない。一流を見ていれば、二流・三流は、すぐわかる。鑑識眼ができてくる」（『青春対話1』普及版二二六ページ、同）。

敗戦の焼け野原からの復興。建物が並び、道路も整い、生活が落ち着いてきても、〝心の復興〟には時間がかかった。「文化」が復興してこそ真の復興――池田のリーダーシップのもと、一流の芸術を紹介しようと挑んだ人々の記録が、日本の音楽史に刻まれている。

◇

その日、上野の東京文化会館は華やいだ空気に包まれていた。リムジンが横付けされ、タキシードやドレスに身を包んだ人々が入っていく。皇族も来館する。警備も厳重だ。

一九八〇年（昭和五十五年）九月三十日。世界三大オペラ座のひとつ、オーストリア「ウィーン国立歌劇場」の初来日公演が、約四年の交渉を経て実現した。主催は民音である。

三五〇人の引っ越し公演。「どうしても初日の舞台を見たかった」。徹夜で当日券を手に入れた学生もいた。アジア初の公演を聞きつけ、フィリピンから来日した人もいた。

指揮者のカール・ベーム。ウィーン・フィルハーモニー管弦楽団の名誉指揮者であり、オーストリア音楽総監督の称号を持つ巨匠である。モーツァルトの「フィガロの結婚」を指揮した。〈「音楽の与える幸福」の中でも、これは最上の質のものと呼ぶほかないという確信がわいてくる〉〈これだけの名演奏、ウィーンまでいっても、いつもきけるとは限らない〉（吉田秀和、一九八〇年十月一日付「朝日新聞」）。

◇

池田は神奈川県民ホールでの公演を鑑賞した（十月二十四日）。終了後、学会の神奈川文化会館に関係者を招き、会食会を開いた。民音職員の赤池幸則。交流の様子を記録しようと、カメラを手に会場の片隅から池田の姿を追っていた。

出演者全員にあいさつし、すべてのテーブルを回る池田。席に戻ったが、すぐ皿にケーキとフォークを乗せ、再び歩き出した。柱の陰へ……そこにはカメラを持った赤池がいた。「どうぞ」。ゆっくりケーキを差し出した。

「本当に驚いた。会場にいた約二〇〇人は皆、ヨーロッパの一流の芸術家たちです。あのなかで裏方の私にまで目を配るなんて」

八十六歳だったカール・ベーム。公演を終え、聖教新聞の取材に「最善の演奏でお応えできたのは何よりもうれしいことです」と答えた。さらに「ほんの少しかじった」という仏法の知識に照らして、「来世にはもっと上の境涯に生まれてくると思いますよ」。破顔一笑した。

◇

このウィーン来日公演の総監督を務めたエーゴン・ゼーフェルナーが、「それだけは日本では不可能だ」と言った演目がある。ヴェルディの傑作「オテロ」の引っ越し公演だ。しかし翌年、その不可能が実現する。ゼーフェルナーは、わざわざそれを観るために再び来日した。

「絶対に民音が呼びますよ」

一九八一年（昭和五十六年）六月、イタリアのミラノ・スカラ座。理事会が行われる特別な部屋に、池田は招かれた。

「スカラ座の名に値し、また世界的な音楽鑑賞団体である民音の名に値する、最高の公演にしたい」。総裁のカルロ・マリア・バディーニが池田の両手をつかむ。池田が応じた。「万全の態勢でお迎えします」。

一流を。池田が示した大方針のままに、総合芸術のオペラを日本に呼ぶのなら、ぜひ、スカラ座を――今、十六年かけた「引っ越し公演」の交渉が実ろうとしていた。

初交渉は六五年（同四十年）。民音創立のわずか二年後だった。いったん仮契約まで進んだ。だが、その後が長かった。

〈（昭和）四十五年の万国博の期間中に来日することに変更され、それが更にイタリア政府の財政的な理由から四十九年に延期〉（「月刊みんおん」一九八一年十月号）。昭和五十一年の来日で合意をみたが、アメリカ建国二〇〇年祭への参加がすでに決まっていたため、再び延期……その間、スカラ座総裁はギリンゲッリ、グラッシ、バディーニと代わった。

◇

昭和四十年代、名古屋市内のある名曲喫茶。厨房で働いていた奥直光は、店主とアルバイト学生の話に耳をそばだてた。「今度、日本にスカラ座が来ます」。喜々として語る学生。「来るはずがない」。店主は冷たかった。しかし、その学生はひるむことなく言い返した。「民音が絶対、日本に呼びます」。

普段は物静かな主人。実際にミラノでスカラ座を観ていた。「もし来たら、外の交差点で逆立ちしてやる」とまで息巻いた。「勇気のある学生だなあと感心した。その時初めて民音という名前を知った」と語る奥。数年後、民音推進委員になった。

◇

それまで日本で「イタリア・オペラ」と銘打たれた公演はあったが、主役の歌手が数人来日し、脇役もオーケストラも日本人、というケースばかりだった。それを、舞台もオーケストラも何もかも、一カ月間〝スカラ座ごと〟引っ越す。アジア初の試みである。「夢物語だ」。多くの専門家が鼻で笑った。無理もなかった。

民音の関係者は粘った。協力者の助けも得た。「本物の芸術をそのまま日本に紹介し、そこから音楽文化の新しい芽生えをと、考えておりました」（当時、民音専任理事の吉田要。一九八一年九月二十日付「聖教新聞」）。

バディーニと池田の会見に同席した松村和明（当時、民音事業局長）。「話題が具体的な演目に及んだ時、池田先生が急にこちらを向かれた」。

「呼びたい歌手は誰だ？」

本来なら実務者レベルで話し合うべきことで、創立者に交渉していただくのは申し訳ない――しかし、肝心のソリスト（独唱者）がまだ確定していない。意中の歌手がいた。「急いで手元のノートを破り、大きな文字でカタカナを書き殴って手渡しました」。

プラシド・ドミンゴ。世界屈指のテノール歌手である。池田はそのまま伝えた。「最大に努力します」。バディーニは柔らかな笑みを浮かべた。

「スカラ座の壁以外すべて持ってきた」

「まさか」。松村は送られてきた出演者・スタッフのリストに目を釘付けにされた。そこには常任指揮者のクラウディオ・アバドと並び、カルロス・クライバーの名が記されていた。

公演の五カ月前、日本経済新聞は〈中でも指揮者のクライバーは……来日が実現すれば奇跡〉（近畿版、一九八一年四月十一日付）と報じた。完璧主義者で気難しいキャンセル魔。日程も埋まっている。「まさに〝幻の指揮者〟。スカラ座の公演自体も、クライバーの来日も奇跡だった」（松村和明）。

オペラ界はもちろん、演劇、テレビなど各界の関係者にも衝撃が走った。演出家の藤田敏雄も興奮を抑えられなかった。「スカラ座の四大オペラが上演されたのですが、名演出家として知られる人物が三人も名を連ねていた」。映画「ロミオとジュリエット」の監督も務めたフランコ・ゼフィレッリが「オテロ」と「ボエーム」を担当した。「セビリアの理髪師」はフランスを代表するジャン＝ピエール・ポネル。「シモン・ボッカネグラ」は演劇界で世界最高の演出家の一人として知られるジョルジョ・ストレーレルである。「あの三人が揃うなんて考えられない。彼らは『一流』ではなく、『三人全員が超一流』なんです」。

◇

一九八一年（昭和五十六年）秋、日本の音楽界は「スカラ座」の話題で持ちきりとなった。公演前にはホテルニューオータニで「ミラノ・スカラ座展」が開かれた。来日記者会見でバディーニ総裁は「スカラ座の建物の壁以外は、すべてを持ってきた」と語った。

初日は九月一日。三週間前、大道具など一〇五人のスタッフが先行して来日。日本人スタッフ一〇〇人も合流した。

上野の東京文化会館、「ボエーム」の第二幕。〝二〇〇人が立つ二階建ての舞台〟を組み上げた。しかも休憩なし、暗転のみで動かさねばならない。NHKホールの「セビリアの理髪師」では直径十六メートルの廻り舞台をつくる。難題は山ほどあった。「東京文化会館もNHKホールも、スタッフが動きやすいよう、エレベーターの表示などもイタリア語に貼り替えられた」（姉小路公孝、事業本部長）。

じつは、スカラ座の舞台は客席から奥まで見やすいように〝傾斜〟している。スカラ座のスタッフは来日に合わせて一年前から幾つかの公演を休み、日本の平らな舞台で使えるよう、家具やイスを修正した。また、スカラ座の舞台は奥行きが三十五メートルもあり、立体感のある舞台をつくりやすい。藤田敏雄が振り返る。「日本の舞台は奥行きがない。だから、たとえば『ボエーム』では、遠近法を利用して、舞台の後ろで演じる役に、わざわざ子どもを起用した。すると観客席からは、実際の距離以上に遠くに見える」。

総勢四九〇人。前代未聞の引っ越し公演である。大型トラック八十台分の荷物にはパスタやワイン樽まで詰めてあった。いかにもイタリアらしく、コックまで連れてきた。エキストラが足りず、日本に住む外国人五十人を急いで募った。

「前売り券発売の前夜、銀座のプレイガイドの行列には寝袋を持って並ぶ姿も見られたようです」(姉小路公経、当時の代表理事)。東京、大阪、横浜で計二十六公演。どの回もカーテンコールが鳴り止まなかった。

公演中の九月十一日、バディーニ総裁一行は東京の聖教新聞本社を訪問。「日本の文化史に金の一ページを綴ってくださった」と感謝する池田の手を握りしめ、再会を喜んだ。池田は九月十七日、東京文化会館で「ボエーム」を鑑賞。〈手が痛くなるほど拍手した〉と記している。

「それだけは不可能だ」と言われた「オテロ」。ＮＨＫホールで三度上演された。クライバーが指揮棒を振り、オテロ役のドミンゴの美声が響きわたった。

部屋に飾られた記念写真

スカラ座公演に寄せられた評価は枚挙に暇がない。評論家の吉田秀和。〈特筆すべきはクライバーの指揮。スカラ専属のオケ（オーケストラ）の驚嘆すべき力量とあわせ、私たち、ステージの下からきこえて来る音楽にほとほと感じ入った。金管の輝かしさ、弦の柔軟さ、バスの迫力〉（一九八一年九月五日付「朝日新聞」夕刊）。

「ニューヨーク・タイムズ」日曜版は〝この文化の至宝を日本に提供したのは、創価学会を母体として生まれた「民音」である〟と報じた。歌舞伎の名優・坂東玉三郎は、歌舞伎座出演を昼の部だけにして、夜のスカラ座公演に備えたという（「音楽の友」一九八一年十一月号）。

〈今思っても、よくぞこれだけの演目と歌手を並べたものだ〉（二〇〇九年十月一日付「朝日新聞」夕刊）と回想するのは作家の赤川次郎。〈私を本格的なオペラファンにしたのが、1981年のミラノ・スカラ座の来日公演だった……よくあれだけの舞台装置を、オペラ専用劇場でもない東京文化会館やNHKホールに組んだものだ……今もオペラファンの語りぐさである〉（赤川次郎『三毛猫ホームズとオペラに行こう！』朝日新聞出版）。

「こういった上演を、ミラノでもやりたいな」と、スカラ座総裁のバディーニ本人が絶讃したほどの大成功だった。後に語っている。「池田会長と初めてお会いした時、確信しました。『この方が受け入れてくださるなら、日本公演は成功する』と」。

◇

ローマ歌劇場主催の舞台で指揮棒を振った初の日本人、吉田裕史。吉田が、あるイタリア・オペラ界の重鎮のオフィスに招かれた時のことである。重鎮は、一冊のアルバムをおもむろに開いて見せた。そこには池田と一緒に写った写真が貼られていた。

その重鎮とはフランチェスコ・エルナーニ。スカラ座日本公演の時に事務総長を務めた。その後もローマ歌劇場、ボローニャ歌劇場で総裁を歴任してきた。「あの時の日本公演は、イタリアでも伝説になっている」。エルナーニは、驚く吉田に語った。

「本国での公演を含めても、あの日本公演は最高峰だ」。三十年前に刻んだ池田との出会い。公演の思い出とともに、今も誇りを持って若い世代に伝えている。

「オテロ」の舞台。「スカラ座の壁以外は持ってきた」といわれた〝引っ越し公演〟に聴衆は驚いた（1981年9月、東京）©Seikyo Shimbun

エルナーニは二〇一一年（平成二十三年）九月、東京・信濃町の民音文化センターを訪れた。「あの日本公演で、どれほどの拍手喝采を浴びたか、今も忘れられません。友人や知人、来賓が私のオフィスを訪れるたびに、いつも池田会長との記念写真を見せて、歴史を語っています」。民音の館内に飾られていたスカラ座日本公演の写真を見ながら語った。「あの公演実現のきっかけをつくってくれたのは池田会長です。会長との出会いが、『伝説の公演』への道を開いたのです」。

「誰でも利用できて、世界に通用する資料館を」

一流の芸術という〝大輪の花〟が咲くためには、豊かな大地がなければならない。池田は華やかな舞台からは見落とされがちな、確かな〝土づくり〟も忘れなかった。

「えっ？　音楽資料館をつくりたい？　それは本気ですか」

ＮＨＫの音楽資料部長を務めた小川昂が民音職員に聞き返したのは、一九七二年（昭和四十七年）の冬のことだった。

「誰でも利用できて、世界に通用する音楽の資料館を」。池田はこの年から検討を始めていた。そのためには、どうしても「図書館学」に精通したリーダーが必要となる。

多くの人が口をそろえて推薦した人物が小川昂だった。

◇

一九一二年（明治四十五年）に生まれた小川。幼い頃、第一次世界大戦に影響され、「立派な軍楽隊員になりたい」と胸躍らせた。しかし色弱のため、諦めざるを得なかった。

クラシック音楽が大好きだった。文部省（当時）の図書館講習所へ入り、欧米で研究を重ねた。チェロ演奏家でもあった小川は、海外公演のたびに現地の図書館や音楽施設に足を運んだ。長野県立長野図書館の司書を経て、ＮＨＫ音楽部長、ＮＨＫ交響楽団の常務理事などを歴任。日本の「音楽情報学」の基礎をつくった。白羽の矢が立ったのは当然だった。

◇

しかし、小川はなかなか首を縦に振らなかった。「創価学会がつくった音楽団体だからですか」。「違います。私は世間の風評など信じません」。

小川は「本当にやる気があるのですか」と三度確かめたという。「簡単なことではないのですよ」。資料館を維持する難しさを熟知していた。建物はあっても資料集めが頓挫しないか。実力あるスタッフを育て続けられるか。心配事はいくらでも挙げられた。

しばらく考え込み、最後にこう質問した。「池田会長が、つくろうとおっしゃったのですか」。「もちろんです。創立者の念願です」。小川は「わかりました。お引き受けいたします」と答え、「途中でやめるわけにはいきませんよ」と念を押した。

◇

「基礎から叩き込まれた。本当に厳しかった」。若手の民音職員だった中村靖範。「ときには自宅に招き、ドイツ語や西洋音楽史も教えてくださった」と振り返る。

「蔵書印の押し方一つで厳しく叱られた」（民音職員の上妻重之）。「『蔵書印は本の顔であり魂です。すべて真っ直ぐ正確に。欧米の一流の司書は、朱肉の濃淡まで同じにする。永遠に残す資料です。どんな仕事も誇りを持って取り組みなさい』と」。

民音常勤顧問の兵頭信明や音楽評論家の宮沢縦一、志鳥栄八郎らも協力を惜しまなかった。

七四年（昭和四十九年）十一月二十七日。北新宿にあった民音会館内に開設した資料館を、池田が訪れた。事務室にいた小川の姿を見つけるや足早に駆け寄り、さっと両手を差し出した。「大変にお世話になっております」。いつもは冷静沈着な小川。「驚いて立ち上がり、『いいえ池田先生。私こそお世話になっております』と、笑顔でがっちり握手されました」（中村靖範）。

「民音に行ったことがあるか」

小川は七十五歳まで民音の音楽資料館に携わり、一線を退いた。十年後、同館は信濃町に移転。さらに六年後、都教育委員会から「登録博物館」に認定され、二〇〇四年（平成十六年）、「民音音楽博物館」と改称された。

その中に設置された「音楽ライブラリー」は今、クラシックを中心に楽譜四万八〇〇〇点、LPレコード、CDなどの録音・映像資料十二万点、図書三万八〇〇〇冊を所蔵。「中学生以上なら全国のどなたでも、登録すれば無料で貸し出し、もしくは閲覧できる。これまでの実質的な利用者数は一〇〇万人を超えます」（上妻重之）。シューベルトやサン＝サーンスの自筆楽譜、リストの自筆入り筆写譜、マーラー、ブラームス、メンデルスゾーンらの自筆書簡なども保管している。

また〝明治以来、日本語で出された音楽書〟の八割を蒐集し、五万枚を超えるLPレコードが揃った「志鳥栄八郎コレクション」や、日本オペラ界の代表的歌手・藤原義江と藤原歌劇団の活動を伝える「藤原義江コレクション」も充実している。さらに、日本の音楽教育に偉大な足跡を残した齋藤秀雄の遺品は、世界的指揮者の小澤征爾たちを指導したピアノや指揮棒をはじめ、九五〇点に及ぶ（齋藤秀雄コレクション）。日本を代表するオーケストラから主婦のコーラス、中学の吹奏楽部まで、まさに池田の言葉通り「誰でも利用できて、世界に通用する」、国内に類を見ない〝音楽の城〟である。

博物館としてオープンする晴れの式典。九十二歳の小川昂の姿があった。小川の薫陶を受けた中村。音楽博物館の責任者になっていた。案内の最中、小川は中村に何度も何度も語りかけた。「うれしいね。よくやってくれた」「うれしい。池田先生がいらっしゃったから、できたんですね」。

◇

同館には、もう一つの〝目玉〟がある。二階の「古典ピアノ室」だ。その淵源も池田の提案だった。

民音の建物が北新宿にあった時代。四階にベートーベンが実際に使ったとされるピアノ「ヨハン・フリッツ」が展示されていた。他にも「シュトローム」や「シュヴァイクホーファー」など貴重なフォルテピアノもあった。

展示品の説明を聞いた後、池田は言った。「楽器なんだから、来た人には必ず音色を聴かせてあげよう」。「居合わせた職員が皆、その一言に仰天した」と専務理事の飯島茂雄が振り返る。「でも〝貴重品として保存するだけ〟という私たちの〝常識〟のほうが間違っていました」。

「二十一世紀になり、各種の博物館は来館者が『体感する』ための知恵、コミュニケーションの工夫をいっそう競うようになっている。民音は池田先生の提案を受けて、一九八三年（昭和五十八年）からフォルテピアノなどの実演を始めました」（小林啓泰）

たとえばモーツァルトが使ったピアノと同型の「アントン・ワルター」。「現在、演奏できるのは世界で四台のみ」と言われる。その他、十六世紀につくられたチェンバロをはじめ約二十台の鍵盤楽器が並ぶ。開館日には毎日、演奏が披露されている。

北新宿時代、「古典ピアノ室」開設の経緯を聞いた小川昴は一言、「当然ですね。池田先生はわかっていらっしゃる」と若手職員に告げた。二〇〇八年（平成二十年）、九十六歳の長寿を全うした。

◇

ロシアの宇宙飛行士アレクサンドル・セレブロフ。民音音楽博物館の芳名録に綴った。〈飛行機や戦車の隊列ではなく、〝ピアノが隊列を組んでいる姿〟を初めて見ました〉。

インドネシア元大統領のアブドゥルラフマン・ワヒドも同館を訪れた一人である。クラシックに造詣が深かった。鑑賞後、次のように語った。

「『日本は文化を愛する国民である』というメッセージを発信する使命を、創価学会が果たしていると思います」

「皆さんが進める世界との文化交流は、日本のためだけではない。世界の人びとが利益を受けるものです。物質主義の波に対して、文化の力で対抗していただきたい」

かつて日本軍に侵攻され、占領された経験を持つ国の指導者。その激しい口調に、周囲は粛然となった。さらに続けた。

「池田博士のような人物を特にアジアは必要としている。今日は〝日本のもう一つの側面〟を見た。それは池田博士の存在です」

宿泊先の都内のホテルに戻ると、日本の代議士数人があいさつしようと待っていた。すぐにでも経済や政治の話を切り出しそうだった。

ワヒドは、彼らにまず尋ねた。「あなたたちは、民音の文化センターに行ったことはあるか」。「?」。全員、その存在すら知らない。六十二歳のワヒドは告げた。

「ぜひとも行って、学ぶべきだ!」

第二章

「文化」を取り戻せ② 民主音楽協会（下）

北海道の留萌市。聖教新聞を読んでいた栗生フミエは思わず声をあげた。「この〝寂しげだった兵隊〟って、主人の体験とよく似ているわ」。それは「長兄の出征」と題された池田大作の随筆である（二〇〇〇年五月二十九日付）。

夫の栗生勇は戦前、鰊を獲る漁師だった。中国とビルマ（現・ミャンマー）に出征した。「戦地で何があったのか。九十七歳の今も話すのを頑なに拒みます。でも、ある戦友の思い出だけは話してくれました」（長女の高野京子）。

その戦友は〝きいち〟という名前だった。

少年がくれたおにぎりの味

一九三九年（昭和十四年）春。中国との戦争は長期化し、日本は後戻りできない道へ踏み込んでいた。街に流れる軍歌は「二度と戻れぬ」「花と散る」「敵を撃つ」等々、兵士の心情を歌った。歌は生きる力を与えもすれば、人を死地に追いやりもする。

東京駅前の広場。出征兵士を見送る家族連れで混雑していた。十一歳の池田は母とともに、長兄の喜一の出征を見送りに来ていた。しかし、地方出身の兵士は家族も来られず、一人で座っていた。

池田の随筆には、こうある。

〈面会の家族もなく、静まり返って、コンクリートの地べたに座り、肩を落としていた軍服姿が、今でも強烈に印象に残っている。

その方々へ、私の母は「こちらへいらしてください。ご一緒に、どうぞ！」と、声をかけた。遠慮がちな人たちに、私がおにぎりを持っていってあげた。寂しげだった兵隊の顔が、ぱっと明るくなった〉

◇

栗生勇は以前、まさにこのとおりの思い出を家族に話していた。北海道の浜益村（現・石狩市）から徴兵された。東京駅の広場に佇んでいた時、少年が駆け寄ってきた。「どうぞ」。おにぎりを差し出してくれた。そばには少年の母親らしき人が立っていた。そのおにぎりの美味しかったこと……。

妻のフミエが尋ねた。「出征した仲間に、喜一って人はいた？」。普段から無口な勇。「喜一は俺の戦友だ」と声を震わせた。古いアルバムに、軍服姿の集合写真が残っていた。勇はその一人を指さした。笑顔の青年の胸に、「池田」と書かれた布が縫いつけられていた。

◇

「喜一とは気が合った」

勇は頑健な体だが、軽い吃音だった。軍の中でいじめられ、よくベルトや靴で殴られた。「喜一さんが庇い、面倒をみてくれたようです」（三女の井上輝美）。

毎日が死と隣り合わせだった。ビルマで喜一の乗った船がイギリス軍の戦闘機に攻撃されたのは四五年（同二十年）の一月。享年二十九だった。

勇は三十一歳で敗戦を迎えた。「戦友たちが俺の身代わりになった。申し訳ない」。己を責め続けた。笑顔の喜一が夢に何度も出てきた。

長女の京子が創価学会に入ると聞き、反対した。明るく変わっていく家族の姿を目にして少しずつ理解した。八十三歳の春、入会した。「そして初めて、あの東京駅でおにぎりをくれた少年が、池田先生ではないかと思ったんです」。

北海道の学会幹部が勇に話を聞きに来た。勇は号泣してほとんど話せなかった。「これまで聞いた夫の体験を池田先生に御報告しました。『兄のことを思い出していただき、感涙しました。父も母も兄も喜んでいると思います』と丁重な御礼を頂戴して……。夫婦して信心に巡りあい、先生にお伝えできて本当によかった」（妻の栗生フミエ）。

文化国家をつくるしかない

一九六一年（昭和三十六年）二月七日。飛行機がビルマ上空にさしかかった。池田の会長就任後、初のアジア訪問である。香港、セイロン（現・スリランカ）、インド、ビルマ、タイ、カンボジアと回った。午後三時、ビルマの首都ラングーン（現・ヤンゴン）に到着。翌八日の夕刻、池田は同市内の日本人墓地を訪れた。「大東亜戦争陣没英霊之碑」と彫られた石碑があった。

「大作、戦争は、決して美談なんかじゃないぞ」。池田の耳には、いったん戦地から帰国した喜一の言葉が焼きついていた。

〈長兄の戦死の報を受け取ったとき、母が、黙って、くるっと背中を向けた光景が、今なお、まぶたから離れない。小さな後ろ姿が、かすかに震え続けていた――〉（二〇〇〇年五月二十日付「聖教新聞」）

兄の死から十六年が過ぎていた。その日、夕陽に紅く染まった日本人墓地で池田は読経、唱題した。

「碑の前にしばらく佇み、再び題目三唱した後、歩き出された。ラングーン市内を巡る間も、喜一さんのことが頭から離れなかったようです。池田先生の戦争に対する怒りの深さは計り知れない」（同行した辻武寿）

◇

日本人墓地を訪れた翌日の二月九日、タイ・バンコクの宿舎。

「数人が先生の部屋に集まった。そこで『真の世界平和のためには、民衆と民衆がわかりあうことが絶対に重要だ。特に芸術の交流が不可欠だと思う。これから国境を超えて進めたい』とおっしゃった」（辻武寿）

民主音楽協会（民音）の構想を、池田が初めて口にした瞬間である。日本最大の音楽文化団体は、戦火に苦しめられたアジアの地で産声を上げた。

師の戸田城聖。「最高の文化国家」の建設が持論だった。「戸田先生と出会った十九歳のころから、私は『文化国家をつくるしかない。戦争の悲劇から精神的に立ち上がるのは、文化しかない』と思っていました。これは万国共通の法則です。この思いを今日まで貫いてきたのです」（『青春対話1』普及版二六三㌻）。

文化・芸術を飾りにし、その名の下に勢力拡大を図ろうとする団体もあった。民音は、その出発から異なっていた。しかも、日本だけが「文化国家」を目指すのではない。国境を超えて交流し、人類が戦争を乗り越える原動力になろう、というのである。民音を構想した際の史実は、日本国内より、むしろ海外で知られているかもしれない。二〇〇一年（平成十三年）九月、フィリピンの女性映画監督マリルー・ディアス＝アバヤが民音文化センターを訪れた。同国独立の英雄ホセ・リサールの伝記映画をつくった、アジアを代表する映画人である。

彼女は、出迎えた民音スタッフとの懇談で語っている。「ビルマで長兄を亡くされた池田先生が、第二次世界大戦の悲劇を超えて、真のグローバル化を見据えられ、民音を創立されたことは、素晴らしい卓見です」。

「下駄履きで行けるような音楽会を作ろうよ」

軍歌に躍り、泣いた時代は終わっていた。池田は二十一歳から東京・大田区の青葉荘で一人暮らしをした。

〈狭いアパートの一室に暮らして、戦後の殺伐たる風景は、私の心までも荒らしていた〉（『池田大作全集』第十八巻）――「音楽のよろこび」と題するエッセーである。

〈日々の努力も、あらゆる善意も、すべて裏切られていくように思えた。精神の荒廃などと観念的に片づけることのできるような単純なものではなかった……このような時、一枚のレコードが、わが心を慰めていることを知ったのである〉

ベートーベンの交響曲をよく聴いた。〈貧しいアパートの一室が、その時、燦爛たる芸術の王宮に変わった〉というほどの衝撃だった。

〈それは、当時の私にとって、得がたい密かなる喜びであった。人間が人間らしさを自覚しえた、喜びとでもいおうか〉

青葉荘で池田とともに、手回しの蓄音機を聴いた草創の友が語り残している。「あのアパートの一室には机と蓄音機……押し入れにはびっしりと本が詰まっていました。『運命』を聴きながら、ベートーベンの苦闘のありさまなどを池田先生からうかがっていると、自然に勇気がわいてきたものです」。

◇

一九六三年（昭和三十八年）に創立された民音。「世界平和を築くためには文化交流が不可欠だ」。民音の新入職員だった小林啓泰（代表理事）は、職場の先輩から池田の考えを伝え聞いても、その真意がわからなかった。「そんな壮大なこと、考えたこともなかった。民音で働くようになっても、そもそも音楽や文化で平和が築けるのかと思っていた」。

若手職員たちが池田と懇談する機会は何度かあった。「『下駄履きで行けるような音楽会を作ろうよ』という一言は忘れられない」(小林啓泰)。

ある時、池田から不意に「世界平和なんて夢物語だと思ってる?」と声をかけられた。「心の底にあった不安を見透かされたようで、本当に驚いた」。池田はさらに「地味な作業かもしれないけれど、これ(=文化交流)が一番の近道なんだ」と語った。六九年(同四十四年)のことである。

後年、池田は記している(二〇〇〇年十月二十二日付「聖教新聞」)。

戦争は破壊。文化は創造。
戦争は死。文化は生。
戦争は憎しみ。文化は愛。
戦争は国家主義。文化は人類主義。

池田にとって「文化」は、「戦争」という破壊行為に対する、最大の攻撃である。各国との交流史は、その「心」を「形」にした歴史でもある。

精神のシルクロード

古より、ユーラシア大陸を東西に走る何本かの「道」があった。「シルクロード（絹の道）」。中国産の絹などを積んだ隊商が、酷暑の砂漠を歩き、極寒の山並みを越えた。

このシルクロード沿いの総勢二十カ国から、一流の音楽芸術家を招き、三十万人もの聴衆を沸かせ、十八年に及んだ民音の名企画があった。「シルクロード音楽の旅」である。

「ＮＨＫの『シルクロード』が放映されたのは一九八〇年（昭和五十五年）。民音はその三年前からシルクロードの六カ国に考察団を派遣し、公演を準備していました」（姉小路公経、元代表理事）。無数の壁があった。最大の障害は「国境線」だった。その象徴が、中国とソ連（当時）の国境である。

交易品とともに、楽器や音楽文化も運び伝えたシルクロード。数多くの王朝が栄え、滅びたが、音楽は生き残った。だからシルクロード沿いの国々の音楽には共通性が多い。理屈ではなく、聴衆の目の前で、かつての文化交流を浮き彫りにしてみせよう。

これが「シルクロード音楽の旅」のテーマだった。

シルクロードの要衝である中国は、第一回から出演してきた。民音は中国に、ある国の人々とも同じ舞台に立ってほしいと依頼した。その国はソ連である。

◇

八二年（同五十七年）、北京の人民大会堂の一室。

巨体を揺らし、苦々しい表情を浮かべた男性が近づいてくる。彼は、訪中した民音代表の姉小路に握手するや、いきなり「無理なこと言わないでよ」と流暢な日本語で言った。男の名は廖承志。中日友好協会会長である。

「何のことかわからなかった」という姉小路。通訳に事情を聞き、ようやく意味を理解した。

中ソ両国は国境紛争（一九六九年）をはじめ、激しく対立していた。廖承志は池田と何度も語り合い、中日友好に尽くしてきたが、中ソの共演だけは拒否した。その前年、中国は鄧小平と胡耀邦の体制に。関係改善の兆しもあったが、まだまだ壁は厚かった。

◇

「シルクロード音楽の旅」には原点があった。七五年（同五十年）五月、ソ連のモスクワ大学で池田が行った記念講演である（「東西文化交流の新しい道」）。冷戦下、東側陣営の本拠地で、池田は力強く語った。

「民族、体制、イデオロギーの壁を超えて、文化の全領域にわたる民衆という底流からの交わり、つまり、人間と人間との心をつなぐ『精神のシルクロード』が、今ほど要請されている時代はない」

さらに「民衆同士の自然的意思の高まりによる文化交流」だけが、「不信」を「信頼」に変え、「反目」を「理解」に変える、と訴えた。

「創立者の提唱した『精神のシルクロード』を音楽で実現したい、という挑戦から、この公演は始まったのです」（生駒康二、理事）。まだ「シルクロード」という言葉そのものがよく知られていない時である。民音スタッフは創立者の志を共有する専門家を一人、また一人と募っていった。

「よく見つけてくださった」

「なぜシルクロードの音楽会をやろうと思ったのか」。「シルクロード音楽の旅」公演の演出を担当する藤田敏雄が、民音専任理事の吉田要に尋ねた。演出家の藤田は長年、

ソ連（当時）のモスクワ大学で「東西文化交流の新しい道」と題し講演。冷戦下の東側陣営の本拠地で、東西を結ぶ「精神のシルクロード」の実現を訴えた（1975年5月）©Seikyo Shimbun

ミュージカル制作に携わり、テレビ朝日の人気番組「題名のない音楽会」を立ち上げた人物である。

吉田はモスクワ大学での池田講演について説明した。藤田の隣でもう一人、耳を傾ける人物がいた。東京芸術大学教授の小泉文夫――公演に先立って派遣された「民音シルクロード音楽舞踊考察団」の団長である。

「考察団」は当初、「調査団」だった。小泉が「〝調査〟という言葉には、何か対象とする人々を低く見るようなニュアンスがあるから、できるだけ避けたい」と指摘し、「考察団」になった。

小泉は世界中の民族音楽を訪ね、膨大なフィールドワーク（実地調査）を重ねてきた。NHKラジオなどで「民族音楽」という言葉を広めた第一人者だ。民音の意図を知り、勇んで参加した。

「吉田さんの話を聞いた小泉教授が、興奮気味に『スピリチュアル・シルクロード（＝精神のシルクロード）？』と確かめた声が、今も耳に残っています」（藤田敏雄）

そもそも公演のためにフィールドワークを行うこと自体が異例だ。しかもシルクロードの通っていた内陸アジア、いわゆる「西域」の多くが社会主義国である。どこにどんな音楽があるかを調べ、招聘交渉も担う。「赤いカーテン」の向こうから出演してくれるか……前代未聞の挑戦が始まった。

◇

第一回はソ連、モンゴル、アフガニスタン、パキスタン、インド、ネパールを五十一日かけて回った。砂ぼこりでジープやカメラが壊れ、食あたりに苦しんだ。

大発見があった。パキスタンの北部、ヒンズークシ山脈のふもとに住むカラーシュ族。「ワッチ」という鼓を使っていた。この鼓が、日本の正倉院に保存され法隆寺の壁画にも描かれている「呉鼓（腰鼓）」と酷似していたのだ。

〈ギリシャ、ガンダーラ、正倉院をつなぐ鼓の音に胸をときめかせて聴き入った〉（「読売新聞」への小泉の寄稿）。「シルクロードで生きている音楽」を一つずつ確かめていった。

「彼らの音楽に関心を示したのはあなたたちが初めて」(パキスタン国立民俗伝統遺産研究所のムフティ所長)

「よくみつけてくださった」「このような発見を一つ一つ、つみ重ねていくということが、非常に望まれる」(阿部弘、宮内庁正倉院事務所保存課長)

考察団は、ほかにもモンゴルのオルティン・ドー(長唄)と日本の馬子唄、チベットのダムニェンという楽器と三味線がとてもよく似ていることを確かめた。

二年後の一九七九年(昭和五十四年)、シリーズ第一回公演「遥かなる歌の道」にはイラク、インド、中国、日本が参加。東京の渋谷公会堂からスタートした全十九回の公演は大成功だった。関西では民音推進委員たちが盛大な歓迎会まで開いてくれた。

――小泉には辛い思い出があった。「大阪万博」記念の音楽会。小泉が苦心して海外から招いた出演者たちを、主催者の行政側が冷たくあしらったのである。民音の対応はまるで違った。異国の芸術家たちは大満足で帰っていった。

「これが池田会長のおっしゃるスピリチュアル・シルクロードなんでしょうね。民音にはハートがある」。しきりに感心した。

「敦煌の守り人」

シリーズ第二回は「遥かなる楽人たちの道」（一九八一年）。さまざまな「楽器」に焦点を当て、中国、イラク、パキスタン、ルーマニアが参加した。その準備で、小泉たちが中国を訪問した時のことである。

北京、西安、蘭州、敦煌、ウルムチ、クチャ……。「池田先生がつくられた民音の方ですね」「池田先生は元気ですか」と声をかけられることが多い。小泉は「なぜ池田さんは、ここまで中国の人々に慕われているのか」と不思議に思った。

民音による中国からの招聘は、すでに一九七五年（昭和五十年）の北京芸術団から始まっていた。

極めつけは帰国前日の北京だった。〝シルクロードの宝〟といわれる敦煌。その文物研究に五十年を捧げ、「敦煌の守り人」とまで讃えられた画家の常書鴻夫妻と会った。

「私には命の恩人が二人いる」と常は語った。「一人は文化大革命の時に守ってくださった周恩来総理。もう一人は、私の研究を理解し、励ましてくださった池田先生です」。

重い言葉に小泉はじめ考察団の一行は圧倒された。「池田先生が開いてこられた友好の道の分厚さを、まざまざと感じた」と生駒たちは振り返る。

さらにシリーズ第三回は「胡旋舞の道」（一九八三年）。トルコから三韓（高麗、新羅、百済）まで及ぶ〝回転する舞踊〟を集めた。その準備の最中、大黒柱の小泉が倒れた。

病床からの電話

「ちょっと失礼。休ませてください」。打ち合わせ中に体調不良を訴えた小泉。数日後、緊急入院し、面会謝絶になった。膵臓がんだった。

公演にはイスラム圏のトルコからも招聘していた。演目をどう組み立てるか――小泉から電話があった。振り絞るような声で「来てほしい」と言った。病室で二時間にわたってスタッフと詳細を詰めた。

ひと月後、公演開始。小泉は妻の代筆で手紙を寄せた。〝最終の東京公演は、救急車をお願いしてでも駆けつけたい〟。しかし叶わなかった。

最終日も無事に終わった。「インド、中国、トルコ――すべての出演者が出国した翌日でした、小泉教授が亡くなったのは」（生駒康二）。五十六歳だった。『広辞苑』を開くと、小泉について〈五十数カ国に及ぶ民族音楽の調査・比較研究を行い、音楽人類学の理論的基礎を構築〉とある。日本人にとって〈アジアを知ることは自分を知ることだ〉。これが信条だった。〈特に音楽家と、外交官と、実業家にはその点を強く訴えたい〉（「月刊民音」一九七五年十二月号）。

生前、小泉が「車で家まで送ろう」と生駒に声をかけたことがある。車中、小泉は何の前触れもなく、「池田先生は本当に大変ですね。立派な方なのに。大変ですね……」と呟いた。

「シルクロード音楽の旅」がスタートしたのは一九七九年（昭和五十四年）七月。池田が第三代会長を辞任した直後である。国内で池田に降りかかる中傷の数々。一方、自分が海外で知った池田への評価の高さ。「あまりの落差に、創立者の心境を慮っての一言だったと思う」（生駒康二）。

◇

国立民族学博物館の教授だった加藤九祚。シルクロード研究の泰斗である。のちに創価大学でも教えた。「シルクロード音楽の旅」の感想を、興奮した筆致で書き残している。

〈アラブ、インド、中央アジア、中国、モンゴル、日本の楽人を一堂に集めて、居ながらにしてその特徴的な音楽がきけるとは！　昔であれば、チンギス・ハンやチムールなどの大征服者、「世界の覇者」だけができたことではないだろうか。まさに「夢の音楽 饗宴」であった〉（「月刊みんおん」一九七九年十月号）

その〝夢の饗宴〟の四回目。民音は、廖 承志が「無理なこと」と言った舞台をついに実現する。

国境線が消えた

「今なら可能かもしれない」。中国の知人から民音に知らせが届いた。ある芸術団がソ連の田舎町で公演を開くらしい。小さな変化である。チャンスだった。ただちに出演を依頼。交渉の末、中ソ両国からの了解を取り付けた。

「別々のバスに乗ってもらった方がいいのだろうか？」。民音スタッフが交わす会話に、ＳＧＩ（創価学会インタナショナル）公認通訳の斎藤ベンツ・えく子は耳を傾けていた。一九八五年（昭和六十年）夏。「シルクロード音楽の旅」の総集編「遥かなる平和の道」がいよいよ始まる。

出演国はトルコ、日本、中国（漢民族、ウイグル族、モンゴル族、キルギス族）、そして当時はソ連だったウズベク共和国。まだ中ソ対立は続いていた。不測の事態もありうる。受け入れ態勢など連日議論を重ねた。

◇

初顔合わせの日。緊張して臨んだ通訳の斎藤は「予想外の光景」を目にした。「私がロシア語に訳すと、その内容を目の前のウズベク人がウイグル語に訳し、中国人に伝えるんです」。

おもむろにソ連の出演者が楽器を弾き始める。そのリズムに乗って、中国の出演者が即興で踊り始めた。まだ出会って十分も経っていない。「何度も練習を重ねてきたような完成度の高さで、目を見張りました」。

ウイグル、モンゴル、キルギス、ウズベク……皆、シルクロードを行き来した遊牧民らの子孫だ。「国境線は所詮、人工的に引かれたものです。民衆の音楽には通い合うものが厳然と残っている。彼らは目の前で示してくれました」と斎藤は語る。

リハーサルでの出来事を、その場にいたスタッフが語る。「演出家の藤田敏雄さんが、公演のフィナーレで三カ国の団長が手をつないで高く掲げよう、と提案しました。

「シルクロード音楽の旅」総集編では、当時、政治的に対立していた中国とソ連の出演者が初めて同じ舞台に立った（1985年7月、長崎市）

しかしソ連と中国の団長が、さすがに舞台の上でそれはできない、と拒否したのです。言葉にできない緊張感が走りました」。

とっさに知恵を出したのはトルコの団長だった。「それでは、私が間に入るというのはどうでしょう」。ここにこと語り、中国とソ連の〝仲介役〟を申し出た。

「異なる文明が出あう場所、トルコ・イスタンブールの友人たちに救われた思いでした。あの時の公演は回を重ねるごとにそうした緊張感もなくなり、素晴らしい交流の様子をカメラに収めることができました」

移動バスや楽屋の周りで、スーツ姿

の男性が警備していた。「万が一のトラブルを警戒して、状況を見守る公安関係者でした」（生駒康二）。日程が進むにつれ、共演者の仲が深まった。やがて男性の姿も消えた。

◇

ステージの設営はモンゴルの「ゲル（天幕式住居）」をイメージした。中国・ウイグル族の舞踊「アトシュ」。当初、伴奏は一人だけの予定だった。「それを急遽、ソ連の人たちが一緒に演奏してくれて、とてもうれしかった」とウイグル族の伴奏者が語っている。

ソ連・ウズベク共和国の演奏家いわく「私たちの町にはウイグル人もたくさんいて、アトシュは私たちも子どもの頃からよく知っている踊りなんです」。

一方、ウズベクの舞踊「バイヨット」の伴奏には中国側が参加した。フィナーレの「元禄花見踊り」でも両国は同じ舞台に立ち、大歓声が沸き起こった。池田のモスクワ大学講演から、ちょうど十年が経っていた。

舞台を演出した藤田敏雄。興奮してスタッフに語った。「中国とソ連の国境線は完全に消えてなくなりました。スピリチュアル・シルクロードがついに誕生したと思いますよ」。池田は出演者たちを聖教新聞本社で盛大に歓迎した。「芸術には相克も争いもない。芸術は平和の心を結ぶ道であることを、実証してくださった」。自らも中国とソ連を訪れ、両国の信頼醸成に努めてきた。

ソ連のジャモフ団長。「二〇〇〇年前、シルクロードで行われた人々の交流が今、ステージの上に復活しました」と語った。

四年後、中ソは劇的に和解する。「シルクロード音楽の旅」は好評を受けて延長。「草原（ステップ）とオアシスの道」「地中海への道」等々、じつに十回を重ねた。

「一九八九年の第六回は苦労しました」（本橋伸介、元民音常任理事）

イランが初出演。ホメイニ師の死去直後だった。男女の同席を制限するイスラムの慣習に従って、合同演奏には参加せず、通訳の日本人女性にも顔を布で覆うよう求めた。

打ち合わせ現場に池田の伝言が届いた。「はるばる来てくださったのだ。絶対に疎かにしてはいけない。相手の文化を最大に尊重するように」。公演が滞らないよう、心を砕き続けた。

〈この好企画の波及効果で、あのＮＨＫのシルクロードシリーズ企画もヒットした。まさしく、「シルクロード音楽の旅」は、日本にこういう民族音楽をはじめ、さまざまな文化交流の企画を普及するためのパイオニア的役割を切り開いたのです〉（山口修、

大阪大学教授〈民族音楽学〉。一九九五年四月二十九日付「聖教新聞」）

「日本語を話さないでください」

民音は、海外のアーティストを日本に招くとともに、日本の音楽家、舞踊家を世界へ派遣し、日本文化を紹介してきた。その公演数は十九カ国・地域、六五〇回を超える。

◇

「クアラルンプール以外では、日本語を話さないでください」。そう注意された民音のスタッフたちは「心して取り組まなければ」と思った。

マレーシア——一九八八年（昭和六十三年）二月、民音が同国と共催する「日本・マレーシア合同記念公演」の準備が進んでいた。

四一年（同十六年）十二月八日、日本軍は真珠湾攻撃よりも一時間以上早くマレー半島を奇襲している。太平洋戦争はマレーシアから始まった。今も日本を憎む人が多い……そう聞かされ、スタッフの緊張は強まった。

この時、民音の要請を受けて舞台に立った、舞踊集団「菊の会」の畑聡。「四年前にスタートした『マリンロード音楽の旅』の一環でした」。「シルクロード音楽の旅」に続き、東南アジアの〝海の道〟に光を当てた、民音の人気シリーズである。十四年にわたって計八回行われた。

その第二回（一九八六年）に民音は「マレーシア国立民族舞踊団」を招聘。菊の会も参加した。同会代表だった畑道代。長唄の名曲「越後獅子」にマレーシアの民族楽器も取り入れ、創作舞踊を披露した。

マレーシア文化観光省はこの返礼として、「首都クアラルンプールの市制十六周年」を祝う「日本・マレーシア合同記念公演」を企画。マハティール首相も出席する予定で準備が進んだ。

しかし、公演二日前からマレーシアは揺れていた。マハティールが党首を務める与党に対し、「合法でない」との判決が高等裁判所で下された。党内の反対勢力が法の不備を指摘したのだ。

このままでは国の運営も危機に陥る。事態の収拾に追われるマハティール。夫人が足を骨折するアクシデントも重なった。

公演当日の二月六日午前。クアラルンプール市内のムルディカ・ホールでは、最終のリハーサルが行われていた。「マハティール首相は来ないかもしれない」「この状況では仕方ないか」。首相欠席の場合、演出も変更しなければならない。

「こういう公演が理想なんだ」

ちょうどその頃――池田は首相官邸でマハティールと会見していた。「あの時、首相は疲労の色を隠せない様子だった」（同行した鈴木琢郎、創価学会副会長）。

池田は語った。「いかなる時代にあっても、いかなる国にあっても、指導的立場にある人は、必ず何らかの苦難を受けています。そして、その苦難を乗り越えてこそ、偉大な輝きを増すものです」。深くうなずくマハティール。

さらに池田は「国家を調和させる条件とは何か」と問うた。マレー系、中国系、インド系と多様な民族が暮らす同国。マハティールは「『文化』こそ、国の在り方を決める最も重要な存在でしょう」と即答した。

会見は一時間に及んだ。池田は「アジア・サミット（首脳会議）」の開催も提案。前日に詠んだ長編詩「若々しく未来に光る国」をマハティールに手渡し、首相官邸を後にした。〈おおマレーシア！　限りなき未来をはらむ国　建設の息吹みなぎる　青春の天地よ〉と始まるその詩には、同国へのエールがちりばめられていた。

数時間後、舞台でリハーサルを続けているスタッフたちのもとに、民音の吉田要が駆け寄った。「マハティール首相は出席します！　よろしくお願いします！」。

午後八時半。ホールに集まった三五〇〇人が歓声をあげた。視線の先にはマハティールと民音創立者の池田の姿があった。マレーシアの閣僚四人、十九カ国の大使らが続く。観客は総立ちになった。

両国の演目が交互に繰り出される。ユーモラスな「阿波踊り」では男性は腰を落とし、女性は軽快に踊る。拍手のなか、着物姿の女性たちが、被っていた編み笠を一斉に外した。

「おおーっ」と会場全体がどよめいた。誰もが「日本人ばかりだ」と思い込んでいた踊り手の中に、なんとマレーシアの女性舞踊手が何人も入っていたのだ。心憎い演出だった。

その瞬間、マハティールの表情も明るくなった。喝采が鳴りやまない。「素晴らしい……」。池田の妻、香峯子も思わず感嘆の声をあげた。

「エンダン」というマレーシアの漁民の踊りに、日本の出演者が溶け込んだ場面でも会場が沸いた。終了後、池田は「こういう公演が理想なんだ」と語っている。

幕間の休憩時間、マハティールが池田に話しかけた。「青年と未来が謳われ、マレーシアも美しく表現されています。心から感銘を受けました」。長編詩の感想だった。マハティールは、その日の午前に池田から贈られた長編詩を全文読んでから、公演に臨んでいたのである。

◇

「翌日、池田先生はSGIのマレーシア文化会館に『民音之樹』とともに、私たち『菊之會之樹』も植樹してくださいました」（畑聡）。膝の高さほどだった木は現在、見上げるほどの大樹に育っている。記念公演の一週間後、マハティールは新党の結成を発表。非合法問題は鎮静化していった。

戦後の文化交流史に大きな足跡を残した「シルクロード音楽の旅」「マリンロード音楽の旅」は、池田の示した指針「世界を音楽文化で結ぶ民音」の象徴といえる。

「民音と池田大作を知っているか？」

民音の海外招聘は多岐にわたる。「シルクロード音楽の旅」に代表される民族芸術はもちろん、前章で紹介したミラノ・スカラ座など一流のオペラ、レナード・バーンスタイン指揮のイスラエル・フィルハーモニー管弦楽団や室内楽、合唱団などクラシック音楽界への貢献も目覚ましい。

またモーリス・ベジャール率いる「二十世紀バレエ団」や、ジョン・ノイマイヤー芸術監督の「ハンブルク・バレエ」など、珠玉のバレエ公演も高く評価されている。

どの民音公演も、第二次世界大戦の悲劇を乗り越えて人類はここまで「文化」を取り戻したのだという証明になっている。また、相手国が軍政下にあった時も、その困難に屈せず、四十年以上続けてきたシリーズがある。

◇

「あれは二〇一〇年（平成二十二年）八月のことです。驚きの連続でした」。民音広報宣伝部長の岡田眞也は、代表理事の小林啓泰とともにアルゼンチンのブエノスアイレスに来ていた。民音創立者である池田に対し、同市は「建国二〇〇年メダル」を贈ることに決定。その授与式に出席するためである。

アルゼンチン・タンゴを演奏する店に聴きに行った。「タンゴの舞台が終わると、出演者が私たちのテーブルに来て、思いもよらない質問をした」（小林啓泰）。

「日本人か？」。そうだ、と答えると、さらに「民音を知っているか？」「池田大作を知っているか？」と聞くのである。「彼らが私たちの立場を知るはずもない。『日本人には必ず尋ねるんだよ』とうれしそうに話してくれた。驚きました」。

◇

民音は国内の音楽関係者の協力を得て、一九七〇年（昭和四十五年）以来、タンゴ界の一流アーティストを招聘し続けている。

五五年（同三十年）、アルゼンチンの華であるタンゴ文化を庇護してきたペロン大統領が軍事クーデターで失脚。やがてタンゴは冬の時代を迎える。そんななか始まった「民音タンゴ・シリーズ」だった。公演回数は二五〇〇回超、のべ三八〇万人以上が鑑賞してきた。「池田博士が支えてくれたシリーズは、タンゴアーティストに『演奏する機会』『作曲する機会』『創作する機会』を与えてくれた」（ガブリエル・ソリア、国立タンゴアカデミー第一副会長）。

二〇一〇年、ブエノスアイレス市は建国二〇〇年を記念し、二〇〇個のメダルを各界の功労者に授与した。池田はその中で〝唯一の外国人〟である。

◇

盛大な授与式の翌日（八月二十七日）、小林たちは市内で開催されていたタンゴの世界選手権に招かれた。準決勝の後、決勝進出者が決まるまでの間、アルゼンチンを代表するバンドネオン奏者のワルテル・リオスが舞台に上がった。「椅子に座り、演奏を始めると誰もが思った時、『私は民音と創立者の池田先生に招待されて、日本へ行った』と静かに話し始めたのです」（岡田眞也）。

「若いアーティストも、まるでマエストロ（巨匠）のように日本に招待していただいている。この場で民音と池田先生を紹介できることを幸せに思う」。やがて一五〇〇人を超える観客から拍手が巻き起こった。

「これまで体験したことがないほどの熱狂的な歓声だった」と小林は語る。「四十年、日本で毎年行ってきたタンゴ公演が、どれほど価値あるものだったのか。地球の反対側まで来て、池田先生に教えていただいた思いです」。

〃タンゴの帝王〃プグリエーセの約束

「私の最高の先生は、民衆でした」

八十四歳のピアニスト、オスバルド・プグリエーセは池田に語った。

「タンゴは人々の『心』から生まれたアルゼンチンの民衆音楽です。ブエノスアイレスの場末に生まれ、一時は下品な音楽とされて遠ざけられたこともありました。しかし、庶民の心に受け入れられて根を張った。今では、国を代表する音楽となり、アルゼンチンのみならず外国でも愛されています」。深くうなずく池田。一九八九年（平成元年）十二月九日、聖教新聞本社でのひとときである。

「タンゴの帝王」として世界に名を馳せたプグリエーセ。大統領の文化顧問も務め、アルゼンチンで知らない人はいない。反体制運動で投獄されたこともある。獄中闘争の最中、楽団は「プグリエーセの不在」を示すシンボルとして、ピアノの上に赤いバラを置き、公演を続けた。

修羅場をくぐったマエストロである。池田と話し始めるや、すぐに共鳴した。「プグリエーセは、この時の日本公演を、七十年に及ぶタンゴ人生を締めくくる引退公演にしたいと言っていました」（本橋伸介）。

日本公演の期間中、北京での公演も組み込んだ。「日本、中国、日本ととんぼ返りした彼は、ひどく疲れていた。都内に向かう車中、夜の街並みを『美しい……』と眺める横顔が印象的でした」（本橋伸介）。池田と会見したのは、その数日後だった。

◇

「北京に行ってこられたようですね。寒さでお体はどうかと心配していました」と気遣う池田。共通の知己である周恩来総理との思い出も語り合った。

「一つお約束しておきたい」。プグリエーセが突然、切り出した。「池田先生を代表として、お世話になった日本の皆さまに、タンゴの曲を作って捧げたい。曲名は『トー

聖教新聞本社でオスバルド・プグリエーセ夫妻を歓迎。文化を尊ぶ心が通じ合うひととき（1989年12月、東京・新宿区）©Seikyo Shimbun

キョー・ルミノーソ』に決めてあります」。「輝く東京」という意味である。成田からの車中で着想したようだ。

「東京の美しく明るい夜景に、日本の人々の〝輝く心〟を見た思いがした。平和への思いを込めて、ぜひ受け取っていただきたい」

間髪を入れず池田は「曲の愛称を『友情の賛歌』と呼ばせていただきたい」と応じた。「日本とアルゼンチンの友情は当然として、それを軸に、すべての国と民族を『友情』で結ぶという意義を込めて」。〈池田に贈られたタンゴの献呈曲は二十曲を数える＝二〇一八年四月現在〉

◇

三年後の九三年（同五年）二月十八日。池田はブエノスアイレスのコリセオ劇場にいた。アルゼンチンSGIが総力を挙げた、第十一回「世界青年平和文化祭」の会場である。アルゼンチンの元大統領、ブエノスアイレス市長、コルドバ大学総長ら、国を代表する来賓が集った。

二人のマエストロが満場の喝采を受けて舞台に上がった。一人は「ウノ」「さらば草原よ」などのヒット曲で知られるマリアーノ・モーレス。

そしてもう一人が、八十七歳のプグリエーセだった。タンゴ人生に〝引退〟はない――彼は池田との約束の曲「トーキョー・ルミノーソ」を披露したのである。

「トーキョー・ルミノーソ」は『タンゴ名曲事典』（発行＝中南米音楽）にも掲載され、〈プグリエーセの真骨頂たる構成の妙と情感たっぷりの旋律が見事〉とも評されている。

生きて生き抜け！　それこそが大芸術

タンゴ界の重鎮、ピアニストのノルベルト・ラモスも池田と交流を重ねた一人だ。

一九九九年（平成十一年）十一月、創価大学で行われた「文化と音楽の夕べ」に出演した。

前年、ラモスは大腸がんを克服した。「私の人生にとって分岐点となる出来事でした。しかし、そんな時に民音が日本公演という大きなチャンスをくれたのです」。

再起をかけた日本公演。六十六歳のラモスは「再びの跳躍（デ・レボーテ）」と題した自作曲を池田に贈った。池田は長編詩「タンゴは永遠　民衆のマエストロ」を詠み、手渡した。

創大での公演の翌日。民音職員の本橋伸介はラモスの宿泊先ホテルを訪れた。ラウンジで腰掛けていたラモス。池田の長編詩を手にしていた。「まだ全部読めないんだ。読み進めると涙があふれる」と言う。手洗いに行っては顔を洗っていた。

〈花はいつも太陽に向かう　磁石は必ず明るい南を指す　貴方も決してタンゴから去らなかった……〉

〈カフェ・オレの作り方も　知らないと言うほど　タンゴにすべてをかけた　タンゴは貴方の人生　そのものとなった……〉

時折、唇をかみしめるラモス。「池田先生は家族以上に私を深く理解している。この詩は私の人生のすべてだ。先生という人は……」。あとは言葉にならなかった。「マエストロの眼鏡には、涙のあとがくっきり残っていました」（本橋伸介）。

長編詩は、こう続いていた。

音楽の歓びこそが最良の薬
永遠のタンゴの命を奏でてほしい
生きて生きて生き抜くこと
それこそが大芸術だから
それこそがタンゴの真髄だから
それこそが世界の希望だから

◇

二〇〇九年（平成二十一年）、タンゴはユネスコの「無形文化遺産」に認定された。

世界に咲いた〝音楽文化の大輪〟を国内外のステージで紹介することに加え、民音が取り組んできた、もう一つのこと。それは新しい〝文化の花〟を育てる事業である。新進の音楽家に作曲を依頼する「現代作曲音楽祭」（全二十回）、子どもたちに生の音楽を提供する「学校コンサート」、さらにＣＤ贈呈も地道に行ってきた。さらに、今や「世界でたった一つ」とも評価されるコンクールがある。

若い才能を世界へ

ＮＨＫ交響楽団の正指揮者である外山雄三は力を込める。「放っておいたら若い才能は世の中に出る機会がない。このコンクールは若い人たちを世界に送り出すためにあります」。

一九六七年（昭和四十二年）から続く「民音コンクール（指揮）」（八八年、「東京国際音楽コンクール〈指揮〉」に改称）。〝指揮コン〟の愛称で親しまれる。

日本を代表する指揮者である外山は第一回から審査委員を務め、九七年（平成九年）からは審査委員長としてコンクールを支えている。

第一回の審査委員長を務めた齋藤秀雄は、音楽の名門・桐朋学園を代表する教育者だった。チェロ奏者、指揮者としても名を馳せ、日本の音楽教育に多大な貢献を果たした。クラシックに疎くても、毎年夏に開催される「サイトウ・キネン・フェスティバル」の名を知る人は多い。また、第二代の審査委員長は朝比奈隆である。

「齋藤秀雄先生、朝比奈隆先生が、ここまで引っ張ってくださったものを、どう未来

に受け継いでいくかが私たちの責務です」（外山雄三）

指揮者の役割は大きい。同じ曲を同じオーケストラが演奏しても、指揮者によって、まとまりもすれば、バラバラにもなる。その音色も重厚(じゅうこう)にも軽やかにもなる。しかし、指揮者になることは容易ではない。

「楽器の演奏や歌唱と違って、指揮の練習は一人でできない。場所を確保し、複数の演奏者に集まってもらい、人数分の楽譜も用意して、初めて本格的な練習になる。すなわち、若い才能を育てることも、その演奏を世の中に知ってもらうことも難しいのが『指揮』なのです」と外山は語る。

指揮者コンクールの運営も困難を極める。世界でも本格的な指揮者コンクールは、フランスのブザンソン・コンクール、イタリアのトスカニーニ国際指揮者コンクールなど数えるほどしかない。

民音は〝指揮コン〟を三年ごとに開催。二〇一五年（平成二十七年）で十七回を数えた。小泉和裕（日本センチュリー交響楽団音楽監督）、尾高忠明（NHK交響楽団正指揮者）、井上道義（オーケストラ・アンサンブル金沢音楽監督）ら、数多くの指揮者が同コンクールから世界の楽壇(がくだん)へと進んでいる。

〇九年（同二十一年）のコンクールには、三十三カ国・地域から一五二人が応募。

外国人審査員五人を含む九人の世界的音楽家が審査に当たった。

「審査において、公正・公平がないがしろにされたことは一度もありません。定期的に開かれ、ずっと高い水準を維持しており、特定の音楽的趣向に左右されない審査……その意味では、民音が推進してこられたこのコンクールは、〝世界でたった一つの指揮者コンクール〟と言っても過言ではないと思います」（外山雄三）

◇

指揮者の小澤征爾。〝指揮コン〟の組織委員である。〇九年、フィレンツェにいた小澤のもとを、民音関係者が訪れた。小澤は眼鏡を外し、両手で顔を数回パンパンと叩いた。トレードマークの白髪をかき上げて語り出した。

「民音の方には本当に感謝しております。齋藤先生が生きていらしたら本当に嬉しがるだろうと……。このコンクールが始まる前から、先生がやりたいという気持ちを僕は知っていたんで、素晴らしいことをしていただいたと思っております」

〇二年（同十四年）に小澤は、民音で行われた「齋藤秀雄展」に足を運んでいる。小澤のドキュメンタリー番組を制作するテレビ局のスタッフも同行した。民音文化センターの二階。「サイトウ・ピアノ」の前で足を止める。「ああ、懐かしいなぁ」。展示室を歩く。齋藤が指揮するベートーベンの交響曲第五番「運命」のビデオが流れていた。「懐かしい。そうそう、こういう指揮なんだよな」。番組のスタッフが「小澤先生にとって齋藤先生はどういう存在でしたか？」と尋ねた。その質問をさえぎるように、小澤は強い口調で言った。「少し黙っていてよ。今、先生とお会いしてるんだから」。その目には光るものがあった。師匠と弟子――その厳粛な絆によって、芸術は新しい世代へと受け継がれる。

池田がラングーンの日本人墓地を訪れ、民音を着想してから半世紀を超えた。その歩みは、恩師・戸田城聖の悲願であった世界平和を、何としても実現しようという弟子の誓いの表れでもあった。

一九九三年（同五年）五月、池田がフィリピンを訪問した際、同国の有力日刊紙「インクワイアラー」が池田の活動を大きく取り上げた。そのなかで民音の文化活動について、次のように評価している。

〈民音はある意味で、音楽分野での国連であると言ってよいだろう〉

民音の海外交流は、一〇八カ国・地域に広がっている（二〇一八年四月現在）。

第三章

「文化」を取り戻せ③ 東京富士美術館

パリはもう真夜中だった。八十一歳の老紳士が、凱旋門にほど近い美術館で両膝をついている。床一面に数十枚の写真が並べられていた。それらはすべて、池田大作が撮影した風景写真だった。

腕組みして射るように見つめる。立ち上がって眺める。また膝をつき、写真の配置を替える……食事も忘れ、何度も繰り返している。その場に居合わせた五木田聡（東京富士美術館館長）。

「あまりに集中しておられ、言葉をかけることすらできなかった」。

一九八八年（昭和六十三年）五月二日。フランス学士院所管のジャックマール・アンドレ美術館二階。

「池田大作写真展――永遠の日本」の開幕を翌日に控えていた。

老紳士の名はルネ・ユイグ。同美術館の館長である。一階では「永遠の日本の名宝展」が同時に開催される。こちらのほうは彼の妻リディが構成した。両方とも、池田が創立した東京富士美術館との共催である。

「二人は〝一目惚れの友情〟だったわ」

聖教新聞の記者だった山本哲也。開幕前夜の会場を見て驚いた。「一階は準備が終わっていたが、二階は多くの写真がまだ床に置きっぱなしだった」。学芸員たちに「本当に間に合うのか」と尋ねた。彼らは苦笑いしながら答えた。「館長が『すべて私がやる』と言って一切触らせてくれないんですよ」。準備段階で日本のスタッフが口を挟むと、ユイグは鋭く答えた。「あなたは池田会長の作品の真価を見ていない」「展示の仕方一つで、作品の価値が変わるんだよ」。

◇

「そうね。二人は〝一目惚れの友情〟だったわ」。二〇一一年（平成二十三年）の五月下旬、パリ。自宅のソファで微笑みながら、リディ・ユイグは今は亡き夫と池田の出会いを振り返った。「初めて会った瞬間、夫は直感的に友情の共鳴を感じていました。池田会長は精神性の光を放ち、行動力がある。夫の哲学を最もよく理解された方です」。

ルネ・ユイグ——世界的な美術史家であり、〝不滅の四十人〟と呼ばれる「アカデミー・フランセーズ」の会員だった。同時に、フランス学術界の頂点に立つ教育機関

「コレージュ・ド・フランス」の教授も務めた。

アカデミー・フランセーズにはユゴーやデュマなど錚々たる文人が、また、コレージュ・ド・フランスには哲学者のフーコーらが名を連ねている。その両方に選ばれた人物は、哲学者のベルクソンなど数えるほどしかいない。ユイグは名実ともにヨーロッパを代表する知の巨人だった。そのユイグが、なぜ「池田大作写真展」を企画したのだろうか。

◇

直接のきっかけは六年前（一九八二年）の四月。来日したユイグは、池田が創立した静岡の富士美術館（二〇〇八年に閉館）を訪問した。「平和と文化を写す」と題された池田の写真展が行われていた。後に「自然との対話」と名付けられ、世界一〇〇都市以上で巡回される写真展の原型となったものだ。日本、欧米、中国などで撮られた約二五〇点。鑑賞した後、ユイグは述べている。「宇宙を満たす月夜から、幾何学的な五重塔まで、非常に現実的な調子で表現されている」「江戸時代の浮世絵が表した、日本が本来もっている最も感動的な表現さえ、なされていると感じる」。

「『池田会長には絵心がある。ぜひ絵を描いてほしいとお伝えください』とも言っておられた」（横山剛史、当時の富士美術館職員）。ユイグは確信した。「（池田の写真と）

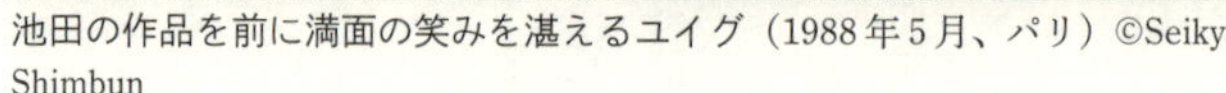
池田の作品を前に満面の笑みを湛えるユイグ（1988年5月、パリ）©Seikyo Shimbun

日本美術の伝統的な美の名宝との同時展示が、きっとフランスの人達にも感銘を与え、日本の素晴らしさを伝えることは間違いありません」（一九八八年五月二十五日号「聖教グラフ」）。

こんな時だからこそ

しかし、この〝写真と日本の名宝の同時展示〟の数カ月前、フランス国内ではSGI（創価学会インタナショナル）はまだ広く知られておらず、無理解な声を聞くこともあった。SGI公認通訳のエイキチ・マツモトはユイグに対して「あなたに迷惑がかかるのではないか」と心配した。ユイグは「とんでもない！」と言下に否定した。「こんな時だからこそやるのです。この展示こそが池田会長と私の、長年の友情の証しなのだ」。

同時展示が開幕すると、「これだけ充実した日本美術の紹介は例がない」（ジゼル・ポライヨン、フランス芸術出版協会会長）等と高く評価された。フランス上院議長のアラン・ポエールらを自ら案内するユイグ。池田の一八七枚の写真が、すべて濃紺の額に収まり、淡い光に浮かんでいた。

京都――漆黒の屋根の向こうに映える鮮やかな紅葉。パリ――セーヌ河畔の石段から突き出たようなエッフェル塔の脚線美。中国・桂林――青く霞む山々を背に、草色の川面をすべる旅の舟……写真も展示方法も、ユイグが一人で選び、考えた。

「彼の写真の、本当の価値を表現できる構成を考えた」と説明するユイグ。ポエールは「トレビアン（素晴らしい）」「フランス国民にとって大変有意義だ」と繰り返した。

スウェーデンの国立東洋美術館館長だったヤン・ビルギンも心動かされた一人だ。翌年（一九八九年）六月、自分の美術館で池田の写真展を開いた。

◇

「これは〝眼で詠まれた詩〟だ」と池田の写真を愛したユイグ。二十三年間にわたって池田と友好を重ねた。一九八二年（昭和五十七年）には関西創価学園の入学式に池田とともに出席。創価大学で「近代西洋美術史」の講演を行っている。芸術論から原子力問題まで、池田と幅広く語り合った対談集『闇は暁を求めて――美と宗教と人間の再発見』は現在、七言語で出版（日本では一九八一年に講談社から刊行）。フランス語版やスペイン語版は、表紙の上下にそれぞれ「仏陀の眼」と「ゴッホの自画像の眼」が配置された、印象的な装丁だ。ユイグ本人の提案だった。

二人の交流の足跡は、八王子の東京富士美術館にも深く刻まれている。「富士美」の愛称で親しまれる同館を舞台に、池田が繰り広げてきた文化交流。それは「一つの出会い」が時とともに「無数の出会い」へ広がっていく、雄弁な歴史でもあった。

「モナ・リザ」を死守した男

「私もまた『レジスタンス』の一員ですから」。このユイグの一言が、池田との友情の本質を表している。

一九七四年（昭和四十九年）四月。四十六歳の池田と初めて出会った時、ユイグは六十七歳だった。「モナ・リザ」とともに来日していた。空前の一五〇〇万人が来場した「モナ・リザ展」。プロ野球の長嶋茂雄が現役を引退した年である。ユイグと一緒に来日した盟友のアンドレ・マルロー（作家、政治家）もまた、二年後に池田と対談集を発刊している。

池田に「モナ・リザの微笑には、東洋仏教の影響があるのです」と語ったユイグ。彼の五体に刻まれたレジスタンス――抵抗運動の誇りは、このレオナルド・ダ・ビンチの最高傑作と切り離せない。

かつてナチス・ドイツは、「モナ・リザ」などルーブル美術館の名画を大量に奪おうとした。その時ユイグは同館の絵画部長だった。

◇

「ドイツとの戦争を前に、ルーブルの学芸員はスペインに向かったと聞いています。スペイン内戦（一九三六～三九年）において宗教画で有名なグレコなどの作品群を守った経験が、夫にとって大きなヒントになったようです」（リディ・ユイグ）

ルーブルが誇る「サモトラケのニケ」像、ジェリコーの傑作「メデューズ号の筏」……数千点を一気に運ぶ準備を、約一年かけて進めた。三九年（同十四年）九月、ドイツ軍がポーランドに侵攻。「人類の至宝」の大移動が始まった。ルーブルの庭は数十台のトラックで埋まった。「モナ・リザ」もロワールのシャンボール城に運ばれた。

ユイグは池田に「ドイツとの国境付近などで、私は爆撃に苦しむ人たちを見ました……たくさんの戦死者も見ました」と語っている。

妻のリディ。「パリの南方にある町モントーバンに、大きな館を持つ知り合いがおり、そこにも絵画を避難させた。父の車を借りて運んだ」。リディにとって、この大移動がユイグと出会うきっかけになった。やがてモントーバンの町も危なくなり、美術品の数々はモンタール城やランザック城、ラトレーヌ城などにも移された。「夫は城に泊まり込み、彼の部屋に『モナ・リザ』が保管されていたこともありました」。

◇

ルーブルの学芸員たちは、ナチスの最高幹部ゲーリングから直接、恫喝されたこともある。ゲーリングは名画の略奪で悪名を轟かせていた。

ユイグは知恵を絞った。そして、ゲーリングが絶対に手放しそうにない絵を選び、「それと交換するなら、望みどおりのものをあげよう」という〝取引〟に引きずり込んだ。

〈「闇」と「光」との戦いであった。ナチスの「魂なき野蛮な知性」と、ユイグ氏の「魂こもる温かい英知」との対決であった〉（二〇〇〇年七月二十三日付「聖教新聞」）と池田は綴っている。

ユイグの時間稼ぎは功を奏した。ナチスに指一本触れさせることなく、ついにルーブルの美術品をすべて守りきったのだ。今、世界中の人々が「モナ・リザ」を楽しめるのは、ナチスと闘ったユイグたちのおかげだといっても過言ではない。

「レジスタンス」の絆

「国家には、強大すぎるほどの権力がありながら、その思想、精神性はまことに脆弱です」

池田と語り合う時、ユイグは常に「国家の暴力」「近代の限界」を話題にした。「精神の闘争なき文明は滅びる。今こそ精神のための闘いを始めましょう」。口癖のように訴えた。「結局、私が最も要請しているのは『人間革命』です。私はこの人間革命の夜明けへ、一人の『ヨーロッパの義勇兵』として戦います！」。

創価学会の初代会長は、先の大戦で軍部権力に抵抗して獄死した牧口常三郎である。第二代は牧口とともに獄中生活を送った戸田城聖。第三代の池田も冤罪で投獄された経験をもつ。筋金入りの反ナチスの闘士ユイグが、池田と強く共鳴し合ったのも当然だといえよう。

そして、ユイグと池田を結びつけた人物もまたレジスタンスの闘士だった。彼女の名はフローランス・ウストン＝ブラウン。フランスで日蓮仏法と巡りあった一人だ。ともにナチスと戦った夫はゲシュタポ（秘密国家警察）に捕らわれ、虐殺された。「夫は『戦争が二度と起こらないよう、自分は犠牲になる』と言っていました」（フローランス・ウストン＝ブラウンの回想）。グルノーブル市には、夫の名を冠した「レイモン・バンク通り」がある（月刊誌「潮」二〇一七年一月号で詳述）。

彼女はパリ大学ソルボンヌ校で哲学と文学を学び、画廊を経営した。〈戦争ほど、残酷なものはない〉の一文から始まる小説『人間革命』のフランス語訳にも力を注いだ。一九七九年（昭和五十四年）、池田が創価学会会長を辞任した際は同志のもとへ走り、「何が起ころうと私たちの師匠は池田先生だ」と語り続けた。

その彼女とユイグは、若き日から親交があった。「夫は彼女を〝ファム・ド・カリテ（品格の高い女性）〟と讃えていました。勇気のある、ダイナミックな方でした」（リディ・ユイグ）。

ユイグと池田の出会いから九年後の八三年（同五十八年）秋――レジスタンスを機縁に結ばれ、広がった絆は海を越えて、東京の郊外に一つの結晶を生み出そうとしていた。

「美術館は、民衆の欲求の高まりで生まれた」

〈美術館の創立は、平和と文化の運動の推進を思えば、なさねばならない課題だった。草創期に、そんな心を知っていた人は、皆無であったかもしれない〉（『池田大作全集』第一二六巻）

◇

「一枚の絵」という、池田の短いエッセーがある（同、第十八巻）。会長就任翌年の秋（一九六一年）、初のヨーロッパ訪問。パリの街頭で「一枚千円ぐらい」の銅版画を数枚、買い求めた。

語り合う若い男女が描かれた、平凡な版画。版画の中の二人を池田は、ユゴーの小説『レ・ミゼラブル』に登場する学生マリウスと孤児コゼットになぞらえ、〈きっと生涯側においておくであろう〉と記した。額の裏には〈いつまでも 青春であれ〉と自ら認めている。

「あの絵は大田区小林町の自宅に飾られていました」。長男の池田博正（創価学会副理事長）が回想する。「そういえば」と、東京の創価小学校を訪れた思い出も語った。

「図書室の絵を見て驚きました。小さい頃、子ども部屋にかかっていた絵だったのです」。

――半袖の少年が大きな本を開いたまま、机にうつぶせている。その絵の上部には、夢の世界だろうか、本の中から飛行機や馬が次々と飛び出している。「たくさん本を読んでほしいという願いを託して、父はあの絵を学園に贈ったのでしょう」。

「美術館の意義」について、池田は高校生に向けて簡潔に語っている。

「昔、一部の王侯貴族とか大富豪しか美術品を集められなかったし、見られなかった。それを『私たちにも見せろ!』と言って生まれたのが美術館です。簡単に言うと、そういうことです。『美』を皆で楽しみたいという民衆の欲求の高まりで生まれたものです」(『青春対話1』普及版二四五ページ)

文化を民衆の手に取り戻す。そのために池田が美術館の創立を構想したのは、必然でもあった。そればかりではない。

「信濃町の創価世界女性会館がオープンした時、池田先生の提案で『ハッピー・マザー』の絵を会館に飾っていただきました」(高柳洋子、総合婦人部長)。青い布で髪を束ねた母が笑みを浮かべ、乳をあげ、赤子をあやしている……生命を慈しむ力に満ちた、ほっとするような一枚だ。

卓越した美は万人の心を打つ。芸術という人類精神の粋によって人々の心を高め、結ぶこともまた、宗教者として当然の使命だった。

◇

「一流に学べ。三流とつきあうな」。池田の芸術観には、恩師・戸田城聖の指導が深く根づいている。「特に子どもは一流のものに触れさせることが大切だ」「大学の隣に美術館をつくるよ」。創価大学の首脳は「うれしそうに語った創立者の笑顔が忘れられない」と振り返る。

「先生は奈良の正倉院も見学されています。海外訪問では寸暇を惜しんで一流大学や、ルーブルなど多くの美術館も訪問された。国境を超えて無数の同志を励ます旅の真っただ中で、創大や富士美術館の構想を練っておられた」（原田稔、創価学会会長）

東京・八王子の創価大学を訪問した駐日ウクライナ大使のコステンコ。「何より私が感動したのは、美術館が、大学のすぐそばに建てられていたことです」と語っている（二〇〇一年七月）。

創大や創価女子短大のキャンパスには、文豪のユゴー、トルストイ、詩人のホイットマン、タゴール、ナワイー（中央アジアの詩人）、科学者のマリー・キュリー、さらにレオナルド・ダ・ビンチなど、堂々としたブロンズ像が数多く立っている。一つ一つに、池田は「人として学ぶべき理想」を託した。

◇

その創大の隣に東京富士美術館がオープンしたのは一九八三年（昭和五十八年）十一月。半年前の五月三日、池田はすべての部屋を見て回った。地下の収蔵庫にも足を運んだ。室温二十度、湿度五十五パーセントに調整され、ひんやりした室内。「今は何もないけれど、世界との文化交流のためだ、日本一、世界一のコレクションにしよう」。

スタッフとの懇談で「何か聞きたいことは？」と問いかけた。一人が「どうすれば『一流の鑑識眼』を磨けるでしょうか」と尋ねた。池田は即答した。「『美術館のことはなんでも自分の仕事だ』と思って、一生懸命やりなさい。まず十年間やりなさい。「苦労することだ」。

また「世界を語るような美術館になっていくんだ」とも励ました。この「世界を語る美術館」は、同館のモットーとなっている。

世界中の優れた文化について、雄弁に語る力のある美術館――。そのスタートを、フランスの地から力強く支えた友がいた。

実績ゼロからの挑戦

東京の郊外。国の庇護がない私立。実績はもちろんゼロ……そんな無名の美術館のオープニングに、海外の名門美術館が主要作品を快く貸し出すなど、常識では考えられない。しかも開幕記念の展示は、その後の方向性を決めるだけでなく、美術界における評価を定めるものになる。

富士美のスタッフは、駐日フランス大使の紹介状を発送したうえで、フランスの美術館を回った。ユイグにも助言を求めた。ルーブル、ベルサイユ、プチ・パレ、シャルトル、ディジョン……フランスを代表する八つの美術館が出品を決定した。ユイグが館長を務めるジャックマール・アンドレ美術館も協力を惜しまなかった。

ボルドー美術館からは、ロマン派の巨匠ドラクロワの代表作「ミソロンギの廃墟にたつギリシャ」が出品された。この作品は、それ以降、フランス国外に出ていないという。

開館五カ月前。パリ市内でユイグは、オープニング展の目録を池田に手渡している。満面の笑みを浮かべ、「オープンの時、東京富士美術館は、フランスが誇る美術館の一部となるでしょう」と語った。
開幕展のタイトルは「近世フランス絵画展」に決まった。

「学生に実物を見せてあげたい」

「フランスでも滅多に見ることができません」。駐日フランス大使のアンドレ・ロスは、出品作品の一覧に驚きを隠せなかった。

「よくも、これだけの素晴らしい作品が揃いました」と喜んだのは、長崎の「平和祈念像」で知られる彫刻家の北村西望。武蔵野市の自宅から開幕式に出席した。数え年で百歳。車椅子で丹念に鑑賞した。自作の彫刻を届けるとともに、この日の朝、認めたばかりの書を持参し、池田に贈っている。〈偉大なる人類平和　使者の御健康を祈る　百齢児　西望〉。

会期中、東京大学から十数人の学生を連れて訪れた人物もいた。世界的な美術史学者、高階秀爾（東京大学名誉教授）である。国立西洋美術館館長をはじめ、ユイグも教授を務めたコレージュ・ド・フランスの招聘教授など、数々の重職を歴任してきた。

その時の大学院生の一人、美術史学者の三浦篤（東京大学教授）。「高階先生が学生を連れて展覧会に足を運ぶということは珍しかった。先生からある絵について質問され、答えられなかったことを今でも覚えています」。苦笑いしながら振り返る。

「今、同じ展覧会をやろうと思ってもおそらく不可能でしょう。フランス美術のエッセンスが詰まっていた。もし同じ展覧会があったら、私も学生を連れて行きますよ」

◇

「そう、あの時はフォンテーヌブロー派も来ていましたね。若いナポレオンを描いた『アルコル橋のボナパルト』もありました」。当時のカタログを眺めながら高階秀爾が語る。

「当時、日本で見られる作品は印象派以降のものばかりでした。『近世フランス絵画展』に展示された十六世紀からの作品群は、非常に珍しかった。あれだけまとまった展覧会は日本で初めてでしょう。私は学生たちに『ぜひ実物を見せてあげたい』と思ったのです。八王子駅から皆でバスに乗って行きました。その後も富士美には何度か訪問しました」

『ルネッサンスの光と闇』など画期的な芸術論を次々と発表してきた高階。半世紀を超える膨大な著述活動のなかで、ユイグの代表作『見えるものとの対話』を邦訳した。自著『美の思索家たち』ではユイグの主著『芸術と魂』も紹介している。

「コレージュ・ド・フランスでのユイグさんの授業は非常に面白かった。一番大きな八番教室でも、うっかりすると席がなくなりました」

「ユイグさんは芸術を通して『人間の運命』を問い続けた人です。いかにして芸術が生まれたのか。絵画は人間の精神生活にどう関わっているのか……。彼の授業は美術論であると同時に、巨大なスケールの文明論でした」

究極は人と人の交流

〝美術館の生命〟は収蔵品の収集である。「日本の美術館の収蔵品は、人気が高くて集めやすい、印象派以降の近代絵画を重視する傾向があります」（五木田聡）。池田とスタッフが目指した方向性は違った。

印象派以前の、ルネサンスから十八世紀までの画家たちの作品は「オールドマスター」と呼ばれる。「東京富士美術館は日本で、国立西洋美術館以外にはほとんど存在しない『オールドマスター』の充実したコレクションを持っている。ルネサンスから二十世紀まで、西洋絵画をトータルに揃えようとする腰の入った収集方針、とりわけ近代以前に力を注いだ見識と努力に敬意を表します」（三浦篤）。

◇

東京富士美術館は各国政府や文化機関の要請を受け、「日本美術の名宝展」も数多く行ってきた。ブラジル展（一九九〇年）の名誉総裁はサルネイ大統領。アルゼンチン展（同年）の名誉委員長はメネム大統領。キューバ展（九六年）の名誉実行委員長はカストロ国家評議会議長。どれも国をあげた大イベントだった。

浮世絵や屏風など日本美術の扱いは西洋の油絵より難しい。国立西洋美術館館長を務めた前川誠郎の言。「世界の名品を日本で紹介するだけでなく、所蔵作品を海外で紹介している。こうした海外交流を行っている美術館は、日本では、あまりありません。……日本は、お金を積んで、海外の作品を持ってくるものの、日本の作品を海外に持っていくことは、いろいろな制約があって難しいのです。東京富士美術館は、『文化の交流で世界を結ぶ』という〝筋の通った展覧会活動〟をされている」。

富士美のスタッフたちは異口同音に「文化交流といっても究極は『人と人の交流』です」と語る。池田から叩き込まれた運営方針だ。国家間の関係が冷え込んでいた時期にも、地道に文化交流を積み重ねてきた。

「冷戦時代、静岡の富士美でソ連の国宝展や中国の美術展を行った。各国の学芸員と作業したが、後で警察関係者が来て、彼らが『何を話したか』『何を食べたか』まで

問い質されたこともあった」（宮島宗男、元館長）

北京の中国美術館で開催した「西洋絵画名作展」（一九九二年十月）。東京富士美術館の所蔵品を広く紹介した。「二〇〇人の学生を引き連れ、列車に二十二時間揺られて来た西安美術学院の助教授がいた。貴州からは五十時間かけて来館した人もいます。新疆ウイグル自治区の学生たちは片道四日かけてやって来ました」（五木田聡）。来場者数は中国美術館が始まって以来の新記録となった。

◇

今後、日本の美術館が力を入れるべき点はどこにあるか。高階秀爾は「作品そのものを見る喜びはもちろん大切だが、作品を通して『異なる文化を理解する』ことが重要です」と指摘する。「『あの国は自分たちと違う。だから理解しあえない』では困る。異文化の価値を理解しあうためには、専門家をはじめとする『人の交流』と『資料の蓄積』が不可欠です」「政治にできないことも、美術によってできる場合があります」。

「こんな日本人がいたのか」

「サンパウロでの『日本美術名宝展』ほど、わが祖国を誇りに思った出来事はない」。

アントニオ・ウエノ、八十九歳。ブラジルの下院議員を八期連続、三十二年務めた日系二世。ブラジル日本議員連盟の名誉会長であり、同国の日系社会を代表する人物である。「あの展覧会は、池田先生との出会いから生まれたのです」。

ウエノの父・米蔵が福岡からブラジルに移住したのは、一九一三年（大正二年）。ブラジル移民の草創期である。米蔵は農業で苦しみ、パラナ州のカンパラ市で雑貨商を開いた。

移住を誘った謳い文句と、目の前に広がる過酷な現実とは、まるで違っていた。日本から捨てられた「棄民」として、コーヒー園で奴隷扱いされた人も多かった。太平洋戦争の後、「日本が勝った」と信じた「勝ち組」と「負け組」のむごい衝突もあった。辛酸を嘗める日々が続いた。

◇

ウエノが池田を知ったのは七二年（昭和四十七年）。検問で車を止められたウエノ。運転手が車検の期限切れに気づいた。夜十一時頃だった。

「そのまま車でお帰りください」と言われたが、律儀なウエノは「議員も一市民も、法の前には同じだ。車は明日、とりに来る」。自分はヒッチハイクで帰るという。「そこにたまたま通りかかったのが、私の運転する車でした」と語るイサム・オノザト

（ブラジルＳＧＩ副理事長）。ロンドリーナ市までの一時間ほどの車中で、ウエノと意気投合した。「池田会長の存在を知り、こんな日本人がいたのかと驚いた」とウエノは回想する。

「世界を語る美術館」がモットーの東京富士美術館である。「サンパウロで日本美術展ができないか」。同館のスタッフが提案したのは八九年（平成元年）。ウエノは実行委員長への就任を快諾し、最大の協力者となる。

ブラジルでの日本美術展は大きな挑戦だった。

地球の反対側。そもそも美術品の保護や輸送費も大変だ。前代未聞の労力を費やすことになる。心配する声もあった。池田は「これは、ブラジルへのご恩返しだ。絶対無事故を祈り抜こう」と訴えた。「珠玉の日本美術名宝展」は九〇年（同二年）二月二十一日、ラテン・アメリカ最大のサンパウロ美術館でオープンした。開幕式にはオリベイラ文化大臣らが参加。日系の新聞でも大きく取り上げられ、五万一〇〇〇人が足を運んだ。

学生だった桑原朗子。運営を手伝った。「八割が日系人以外の人たち。予想以上にブラジル人が多かった。生まれて初めて見る本物の鎧や兜に目を奪われていました」。

待ち続けた人々

「忘れられない光景が二つあった」と鈴木琢郎（創価学会副会長）は語る。

「『マラビリョーゾ！（素晴らしい）』という声が会場のあちこちから聞こえた。二十歳くらいの日系人男性が同じ年頃の女性と仲良く鑑賞していた。おそらく勉強してきたんでしょう、彼は誇らしげに、日本の文化や伝統について語っていた」

「また、老齢（ろうれい）の日系二世や三世の姿もあった。感無量（かんむりょう）の面持（おもも）ちで、ハンカチを目に当てながら観（み）ている壮年もいた」

◇

一連の行事を終えた池田博正（創価学会副理事長）や鈴木たちが空港へ向かった時のことである。「出発時間は深夜〇時すぎでした」。日付が変わる前、空港に着いた。前方のソファに十数人が腰掛けていた。「こんな夜中に、誰か有名人が来るのかな」。そう思っていると、集まりの中心者と思われる老人が、博正たちのほうへ歩み寄った。

「このたびは本当にありがとうございました。日本の池田先生にくれぐれもよろしくお伝えください」

その集まりは、六十代から七十代の日系人有力者たちだった。スーツに身を包み、博正たちの出国を深夜にもかかわらず待ち続けていたのである。「まったく予想していなかった。胸が詰まった。我々のような若い者に深々と頭を下げ、丁重に御礼を述べられた。涙があふれて困りました」（鈴木琢郎）。

サンパウロでの「日本美術名宝展」は、地球の反対側で刻まれた八十年にわたる移民の苦闘に対して、大きな敬意を示す企画となった。

◇

アントニオ・ウエノはその後、訪日する際には必ず、パラナ州の政財界の要人を連れて東京富士美術館に行った。「富士美の展覧会はどれも素晴らしかった。他の都市も訪れたが、『訪日中、一番思い出に残った訪問地は八王子だ』と、多くの人が口を揃えた。富士美とサンパウロ美術館が兄弟館になったことも、誇りです」。

「珠玉の日本美術名宝展」から三年後、池田はサンパウロ美術館を訪れ、館長のマガリャンエスらと親交を深めた。そして一九九五年（平成七年）四月、「日伯修好一〇〇周年」の意義を込めた「サンパウロ美術館名品展」が、東京富士美術館で開催されることになる。

マガリャンエスは池田に「当館の最高級品を出品いたします」と語った。同館の所蔵品は「奇跡のコレクション」と称される。モネ、ルノワール、ゴッホ、ピカソ、マティス……来日した六十点のうち、じつに二十五点が日本初公開だった。

サンパウロ美術館に四十五年間勤務してきたホサカ副館長も、「こんな高いレベルの展覧会は二度とないでしょう」と感嘆の言葉を漏らした。

「休戦中の国」で開いた展覧会

「日韓共催でサッカーのワールドカップが行われる十三年前。ドラマの『冬のソナタ』で火がついた『韓流』ブームなんて、影も形もありませんでした」。富士美の学芸員だった富永直人。初めて担当した海外業務の舞台が、韓国だった。

一九八九年（平成元年）、首都ソウル。タクシーに乗った。「運転手は六十代の壮年でした」。乗客が日本人であることに気付き、流暢な日本語で話しかけてきた。日本で生まれた韓国人だった。「日本では韓国人として、私は常に差別されてきた。韓国社会にも、いまだに溶けこめずにいる」。運転手は涙を流しながら運転していた。かける言葉が見つからなかった。

池田が「アジアの中の日本」に触れる時、その論調は常に厳しい。

〈今なお多くの日本人を縛る「心の中の植民地主義・国家主義・民族差別」。それらは、いわば「心の牢獄」と言えまいか。これを叩き壊さなければ、永遠に日本人の人間解放もなければ、国際化もない〉(二〇〇一年八月十九日付「聖教新聞」)

日本にとって「近くて遠い国」。それが韓国だった。日本の大衆文化を自国に開放し始めたのは、今(二〇一八年)から二十年前(一九九八年)。金大中政権の時だ。それより十年近くも前に、富士美は韓国で展覧会を開こうとしたのだ。交渉が難航したのも当然だった。

◇

韓国と日本に友好の橋を懸けたい——粘り強い交渉の末、韓国国立中央博物館の韓炳三館長を通し、首都ソウルの「湖巌ギャラリー」を紹介された。

東京富士美術館の所蔵品から選りすぐった「西洋絵画名品展」を開けないか——それは約五〇〇年の西洋絵画史を俯瞰する、韓国美術界で初めての試みだった。

しかし韓国は北朝鮮と「休戦状態」だ。理論上は朝鮮戦争が続いている。休戦協定が結ばれた板門店では、いまも南北の会議が行われる。ソウルからはわずか六十キロの距離だ。休戦中の国での展覧会となる。

「七十四点、いずれも海外への初出品です。創立者の強い意向を受けて出展が決まり

ました。作品を運ぶ飛行機は万一に備えて三便に分けました」（富永直人）

展覧会の決定を知った韓館長。感慨に堪えない様子だった。「今までヨーロッパの国々に依頼してきたが、貸してくれる美術館はなかった。池田先生に心から感謝します」。

九〇年（同二年）九月二十一日夕刻、ソウルの金浦空港。池田は東京富士美術館の創立者として、そして創価大学の創立者として韓国を初訪問する。台風で訪問が一日遅れ、滞在時間はわずか二十六時間。しかし、両国の文化交流の扉を開け放つ第一歩となった。池田は同行者に語った。「これからだよ。この訪問から、日本と韓国の友好を開くよ」。

「ご恩返しの一分となれば」

光化門の近く、二十一階建ての中央日報本社ビル。名品展の開催を告げる大きな垂れ幕がかかっていた。同ビルの地下が湖巌ギャラリーである。開幕式に先立ち、池田は同ギャラリーを持つ三星美術文化財団の、申鉉碻理事長らとの会見に臨んだ。

申鉉碻――韓国の元国務総理（首相）である。「あの会見は生涯、忘れられないで

中央日報・湖巌ギャラリーで行われた「西洋絵画名品展」を来賓らと鑑賞する池田（1990年9月、韓国・ソウル）©Seikyo Shimbun

しょう」。ＳＧＩ公認通訳の伊藤正恵は言う。

その場で池田は申に語った。

――戦前、わが父は兵役でソウルに渡りました。「本当に日本のやり方はひどい」「同じ人間同士じゃないか！」と憤っておりました。私は幼心に、韓日友好に役立ちたいと強く思ったのです――。

「あの一言で、場の空気が一変しました。緊張していた皆さんの表情が柔らかくなった。誠実に謝罪の言葉を口にする日本人などいませんでした。そればかりか、池田先生は国家主義の蛮行に憤っておられた」（伊藤正恵）

申もまた、本音を日本語で話し始めた。

「私のあだ名は〝いなかっぺ〟なんです

よ！」。さらに場が和む。「牢獄で天文学を学んだ」話もした。李承晩政権の時、三十代の申は復興部長官として活躍した。だが大統領選の不正を糾した「四月革命」で、「政治犯」として逮捕されたのである。

「牢獄は狭かった。けれども窓から月が見えました。月を見ているうちに、宇宙のように大きな気持ちになれたのです。それから天文学に興味をもったわけです」。短時間の会見だったが、心の距離は一気に縮まった。

◇

開幕式であいさつに立った池田。「先生は、まさに烈々たる気迫でした」（伊藤正恵）。

「貴国は日本の文化の大恩人であります。いにしえより、この『静かな朝の国』の文化の光彩が、どれほど鮮やかにどれほど豊かに、日本の黎明を輝かせてくださったことでありましょうか。

私ども所蔵の西洋絵画を海外で初公開させていただくことも、せめてものご恩返しの一分となればとの思いからです」

連日、入場券を求める長蛇の列ができた。同展は京畿道の湖巖美術館でも行われ、韓国の美術館における「一日の入場者数の最高記録」まで樹立。大成功に終わった。

二年後の一九九二年（平成四年）九月。東京富士美術館で、湖巖美術館所蔵の「高

麗 朝鮮陶磁名品展」が開かれた。出展リストをめくった学芸員たちは、目を見張った。「どれもこれも、美術書に出ている名作ばかりじゃないか！」。

国宝や重要文化財など一五二点。どれも国外初公開。韓国で未公開の作品まで含まれていた。美術品の中でも最も壊れやすい部類の陶磁器。しかも、国宝を惜しみなく貸し出すことは、異例中の異例だった。

韓国に「往く言葉が美しくして、来る言葉が美しい」という諺がある。韓国の文化人たちは、この諺の通り、池田の信義に、信義をもって応えたのである。

「よき出会いには『開かれた心』が必要。人も。社会も」

「文化と文化の出あいは、単なる『たし算』ではなく、『かけ算』のように相乗効果をもたらし、新たな『美』を生み出した」。「ポルトガル──栄光の五〇〇年展」の際、池田は語っている（一九九九年十月二十二日付「聖教新聞」）。「『出会い』によって、世界が広がる。『出会い』によって、新しい何かが生まれる……よき出会いのためには、『開かれた心』が必要です。人も。社会も」。

こうした言葉の通り、池田の多岐にわたる交流から、美術展の通念にとらわれない

〝富士美ならでは〟の企画が生まれた。

「高麗 朝鮮陶磁名品展」の際、同時開催されたのは「ナポレオンとその時代」展である。その後「大ナポレオン展」（一九九三年）、「特別ナポレオン展」（九九年）、「栄光の大ナポレオン展」（二〇〇五年）を開催。ダイヤモンド一〇四〇個からなる「皇后ジョゼフィーヌの宝冠」など日本初公開の品々に、鑑賞者の眼は釘付けになった。

「ナポレオン様式」という名前まで生んだ巨人の生涯を通して、ヨーロッパの文化に光を当てた。「フランスでさえ、ナポレオンの『文化』の側面に光を当てた展覧会は、考えたことすらありませんでした」（フランス文化省文化財保護局のアルマンジョン総合学芸員）。

◇

「キャパ&キャパ」写真展も世界初の企画だった。ロバート・キャパ。世界一有名な「戦争写真家」である。その弟コーネルは「平和の写真家」と呼ばれた。写真家集団「マグナム」の一員でもあったコーネルについて、池田は綴っている。〈自分自身の写真家としてのキャリアを二の次にしてまで、氏は兄たちの宣揚に努めた。そこに私は、人間としての偉さを見る。この弟ありて、兄も「永遠のキャパ」になったのだ〉（『池田大作全集』第一二二巻）と。

「池田会長の支援なしでは、そもそも今回の展示は実現しなかったでしょう」と感謝を告げたコーネル。インドシナ戦線で地雷を踏んで命を落としたロバートが、死の直前まで使用した「最期のカメラ」は、東京富士美術館で保管されている。

またコーネルが選んだロバートの「決定版コレクション」九三七点は現在、世界で三セットのみ存在するが、日本では唯一、東京富士美術館が所蔵している。同館では、十九世紀半ばの写真の誕生から、現代までの「写真の歴史」を概観できる約二万点のコレクションも高い評価を得ている。

◇

「ボドリーアン図書館重宝展」（一九九〇年九月）では、〝イギリスの憲法の土台〟となった「マグナ・カルタ（大憲章）」（一二一七年改訂版）が国外初公開となった。「（マグナ・カルタが）イギリスを離れるのは七七五年の歴史で初めてのことです」（デイビッド・ベイジー、同館館長）。英・オックスフォード大学が「冠上の宝石」と誇る文化財の数々が、八王子に集まった。ベイジーらと池田が結んだ信頼の賜物だった。

「古く傷みやすい書籍など約一〇〇点。どの角度で開いて展示するのが最適か、アクリルで一つずつ、違う角度の展示台をつくった。気の遠くなる作業でした」（五木田聡）

また、「世界最古の総合大学」といわれるボローニャ大学。その創立九〇〇年を記念する特別重宝展も、東京富士美術館で行われた（一九八九年十二月）。大詩人ダンテの『神曲』写本（十四世紀頃）、地動説で有名なガリレオ・ガリレイの『作品集』初版など、イタリアの知的遺産が展示された。

ボローニャ大学の一行は、信濃町の聖教新聞本社で池田と会見した。一人一人の前に行き、丁寧に礼を述べる池田。話題は教育論から文学、哲学、さらにダンテが歩んだ迫害の人生に広がり、会見は一時間半に及んだ。

「私は池田先生の存在を、日本に行って初めて知りました」。同席したレアルコ・アンダロ（来日当時、ボローニャ県文化担当参事）は振り返る。

「世界平和という大いなる理想を実現するために全力で戦い、あらゆる非難を浴びながら堂々と生きてこられた。このような人が私たちと同時代に、日本におられた。その事実に私は感謝しました。ボローニャから来た私たちに、これでもか、これでもかと心を尽くしてくださった」

「先生は仏教の指導者で、私は共産党員です。思想も哲学も違いますが、目的は同じです。日本で先生にお会いした時に、先生は私の人生の師匠であると直感しました。先生の弟子としてイタリアで仕事をやり直しています。私の闘いは池田先生と『同じ道を歩む』ということです」

同じくイタリアで池田の存在を「精神における〝人生の師匠〟」ととらえた人物がいる。ロベルト・ロンギ美術史財団会長のミーナ・グレゴーリだ。美術史家のロベルト・ロンギを記念する同財団――ロンギは、あのルネ・ユイグの師匠だった。

同財団の協力によって東京富士美術館は、フィレンツェのメディチ・リッカルディ宮殿で「日本美術の名宝展 武士の世界」を開催した（一九九四年）。

「なぜ来たのか」「友人だからだ」

東京富士美術館には、ユイグが寄贈した「ミネルヴァ」と「マルス」の彫像がある。ユイグが館長を務めたジャックマール・アンドレ美術館の玄関前に設置されている石像を、ルーブル美術館で複製したものである。戦争の暴力（＝マルス）が、学問・芸術を守る力（＝ミネルヴァ）に敗れることを表現している。

池田とユイグの出会いから、大きく花開いた文化交流の道。最後に、二人の信頼を物語る、象徴的なエピソードを紹介しておきたい。

本章の冒頭で触れた「池田大作写真展」開幕の翌日。聖教新聞の記者・山本哲也は、ユイグの自宅で二時間ほど取材した。

「池田会長について語れば話は尽きません。この写真展で私が強調したかったのは、会長は『生命の探究者』であるということです」「これらの写真を通じて、生きとし生けるものの鼓動から、永遠の生命に向かって昇り続けようとされる池田会長の姿を思い描いたのです」

取材を終えた山本たちを見送る際、ユイグは言った。

「君たちは池田会長の近くにいられて本当に幸せだ。うらやましい。私があと十歳若かったら、日本語を勉強して、直接、池田会長とお話ししたかった。何時間でも、何日でも、語りたかった……」

「ユイグさんのきれいな青い瞳が潤んでいた。あの表情が忘れられません」(山本哲也)

◇

それから三年後の一九九一年(平成三年)六月二十一日。パリ郊外のビエーブル市に、池田が創立した「ビクトル・ユゴー文学記念館」が開館した。ユゴーゆかりの館を修復した。

池田がユゴーの小説『レ・ミゼラブル』と出あったのは十五歳の頃だった。戦争の最中で思うように学べなかった。夏の夜は静かな墓地で読みふけった。ユゴー文学記念館には、この『レ・ミゼラブル』の自筆校正が入ったゲラ刷り版が展示されている。恩師の戸田と学んだ革命小説『九十三年』の自筆原稿もある。

「三年前の『池田大作写真展』の時より、はるかに多くのマスコミが集まってきた。なかには興味本位や、先入観を持つ記者もいた」(ヒデアキ・タカハシ、SGI欧州議長)

カメラのフラッシュが交錯するなか、十二カ国の大使、公使らが続々と入場していく。ローマ・クラブ会長のホフライトネル。キルギスの世界的作家アイトマートフ。あのサンパウロ美術館館長マガリャンエスの姿もあった。

のちにフランス学士院の院長を務めるランドフスキー。「東洋の人である創立者の池田会長が、我が国の文学を代表するビクトル・ユゴーを選ばれたことに、私は重要な意義を感じてなりません」とあいさつした。

「開館式に真っ先にやって来た人はユイグさんでした」(ヒデアキ・タカハシ)

到着したユイグに殺到する取材陣。「なぜ来たのか」。八十五歳の老紳士は青い瞳を見開き、有無を言わさぬ口調で答えた。

「池田会長は、私の本当の友人だ。だから来たのだよ」

そして池田の待つ館内へ、ゆっくりと歩を進めた。

第四章

写真——人生を照らす光（上）

二〇〇八年（平成二十年）十二月十三日。秋満順子（福岡・小倉南県婦人部長）が自宅の電話をとったのは朝七時過ぎだった。「夫と長女の乗った車が交通事故に遭ったという知らせでした」。六時半頃、青信号でアクセルを踏んだ直後、右から猛スピードの車に突っ込まれた。夫の広明が運転する軽自動車は十五メートルほど飛ばされた。

桜と鉄塔

順子が集中治療室に駆けつけた時、人工呼吸器をつけ、足をロープで吊られた秋満広明は辛うじて意識を取り戻していた。全身打撲で片肺がつぶれ、肋骨は十四カ所も折れ、骨盤も砕けた。

医師から「肺炎を併発したら極めて危険です。いつ歩けるようになるかもわからない」と告げられた。小学六年だった長女の昌美は鎖骨を折ったが入院せずにすんだ。

順子は昼夜を問わず唱題を続けた。

事故直後の激励に続き、年明けには池田大作から一枚の写真が届いた。順子はその写真を抱きしめて病院に向かった。ベッドで横たわる広明に見せた。「それは青空の下、そびえ立つ鉄塔の周りに満開の桜が咲き誇る、堂々たる写真でした」（秋満広明）。池田が東京の八王子で撮った一枚である。「祈るうち、『この鉄塔のように頑丈な体になるんだ』と必ず退院しよう」と夫婦で決めた。「今年の桜が咲いているうちに、必ず退院しようという先生からの励ましだと思うようになりました」（秋満順子）。

入院中、広明は肺炎を患ったが、もちこたえた。やがて人工呼吸器が外れた。車いすでロビーに出て、これまで仏法対話を続けてきた知人たちにかすれた声で電話した。見舞いに飛んできた人には病室で対話を重ねた。

事故から四カ月が過ぎた。小倉の桜が盛りを過ぎようとする頃、広明は自分の足で歩いて退院した。医師の予想をはるかに超える回復だった。「同じ時期に入院していた知人が先日、信心を始めたんですよ」と笑顔で語った。

◇

写真は、自然や人生の一瞬一瞬の姿を光で切り取る。その写真が、今度は人生を照らす「光」となることもある。これまで池田は折に触れて写真を撮り、無数の人々に贈ってきた。

今、ここに、池田が二十九歳の秋に撮った一枚の写真がある。

「写真による励まし」の出発点

湯川藤江（東京・台東区婦人部主事）はその写真を机にそっと置いた。「昭和三十二年の十一月、池田先生からいただきました」。写真の中で、コート姿の戸田城聖が微笑んでいた。池田がその青春のすべてを捧げた師匠である。「池田先生は当時、この写真をたくさんの方に贈られました。第二代会長の戸田先生が亡くなる五カ月ほど前のことでした」。

この年（一九五七年）の十一月前後から、戸田の健康を気にかける日々が続いていた。『若き日の日記』（『池田大作全集』第三十七巻）に当時の心境が描かれている。

〈先生、関西にて、非常にお疲れとの報あり。申し訳なし。あまりにも激動のご生涯であられる。われら弟子は、もったいない。こんなに自由で〉（十一月五日）

〈先生、午後の便で、帰京。お疲れの、ご様子〉（十一月六日）

〈先生、非常にお疲れの様子。顔……青し。われも、また疲労激し。背の痛み、焼けるが如し〉（十一月八日）

池田から贈られ、秋満が励みにした桜と鉄塔の写真（2008年3月撮影、東京・八王子市）©Seikyo Shimbun

師も病み、弟子もまた病んでいた。

十一月十一日。〈朝、微熱あり。妻、大変に心配そう。将来を考えると、全く苦難多し。一時――本部前より、伊東網代に向かう。秋季職員旅行。皆、愉しそう。われ、苦痛。……伊豆海岸の景観。ミカン畑、美の光景なり。大自然の鮮かさ。策にあらず、人工にあらず。無作、本有……〉。

〈あくる日（＝十一月十二日）。東京着、夜の八時になる。途中、ミカン狩り、写真を多数撮る。うまく撮れたら皆にあげよう〉――戸田の写真はこの日に撮った（熱海の曽我浦）。池田自身が撮影して、人に贈った、最も初期の一枚である。

「元の写真を少し引き伸ばした、通常の八つ切りサイズより少し小さめの写真でした」（湯川藤江）。池田にとって、壮健な面影の残る戸田の肖像写真が、「写真による励まし」の出発点になった。

「祈り祈りてこの一枚」

この後も『若き日の日記』には戸田を心配する記述が続く。〈先生、一日中、第一応接室にて、お休みの由――お聞きする。一層、ご衰弱の様子。淋しさ、悲しさ、

池田が撮影した戸田城聖第二代会長の写真（1957 年 11 月 12 日、静岡・熱海市）©Seikyo Shimbun

あまりある〉（十一月十三日）。

二日後の十五日の日記には、戸田が学会本部（東京・信濃町）で語った言葉を書き留めている。〈先生のいわく「二年間の牢獄生活にわれ勝てり。七十五万世帯を達成せり」と。「大作の未来は」と。最後に、先生のいわく「戦いに負けるは男の恥なり」と〉。

この十五日、池田は市ケ谷ビルに立ち寄った。その時の写真が残っている。市ケ谷ビルには、戸田が顧問を務める大蔵商事が入っていた（単行本『民衆こそ王者』第二巻で詳述）。同社に勤めていた湯川が撮った。

「私は昭和二十九年に入社しました。初出社は十二月八日です。信心を始めてまだ三カ月くらいでした」。湯川はその日のことを鮮明に覚えている。朝九時に出社するように言われ、八時に着いてドアをノックした。「『どうぞ！』という張りのある声がして、それが池田先生でした」。始業前、池田から掃除の仕方や細々とした雑務を教わった。

「市ケ谷ビルは関東大震災でも倒れなかった建物ですが、あちこち傷み、使い古されていました」。部屋を掃除しながら、そうした印象を池田に正直に伝えた。「そのとき先生の目に火花が走ったような気がした」と湯川は振り返る。

市ケ谷ビルの屋上に立つ若き日の池田（1957年11月15日）©Seikyo Shimbun

池田は鋭く「今は汚れたビルかもしれないが、いずれここから世界が回るよ」と言った。そして「今日（＝十二月八日）は真珠湾攻撃で戦争が始まった日だけど、あなたは今日から『幸福になるための戦い』を始めるんだよ」と湯川を励ました。

「私が働き始めた頃は、すでに戸田先生の事業の逆境をしのいだ後でした」。恩師の苦境をはね返した池田が、社員たちを励まし、市ケ谷ビルの屋上に佇む姿を、湯川はカメラに収めた。「あとから考えると、あんな激務のなかで気さくに応じていただいて。あの写真は、わが家の宝物になりました」。

◇

二〇〇六年（平成十八年）、創価学会の機関誌「大白蓮華」に、湯川藤江の撮ったこの写真が掲載された。池田が会長に就く以前の、総務時代の足跡を辿る企画記事だった。カット写真の説明には、誰が撮ったのかも、場所がどこなのかも記されていなかった。掲載後、湯川のもとに池田から、感謝の伝言とともに次の句が届けられた。

幸福を
　祈り祈りて
　　この一枚

受け取った湯川の脳裏に、かつて池田の語った「幸福になるための戦いを」との言葉がよみがえった。

「心の底から驚きました。五十年も昔に私を励ましてくださったことを覚えておられたのですから。親、子、そして孫の代まで先生に励まし続けていただいた。そういう方は国境を超えて、たくさんいらっしゃるのではないでしょうか」

湯川の父、一九〇八年（明治四十一年）生まれの栗原藤太は、埼玉の蕨市に住む腕利きの畳職人だった。「池田先生は父と会うたびに『畳屋のおやじさん』と親しく呼んでくださいました」（湯川藤江）。藤太は日蓮正宗の大石寺（静岡・富士宮市）で、ある宿坊の畳の張り替えを頼まれたことがあった。「父は腕のいい職人を数人集め、張り切って出かけました。昭和三十年頃のことです」。畳をすべて張り替えた広間を、戸田と池田が見に行った。

池田が深刻な表情で藤太に声をかけた。「おやじさん、畳が破れているよ」。

「そんなはずはありません！」。慌てて広間に戻った。一枚の畳が刃物で斜めにざっくり切られ、無残に裂けていた。「本山の仕事が学会員の父に任されたことで、妬まれたのでしょう」（湯川藤江）。

「俺は完璧な仕事をしたのに……」

怒りで顔を歪める藤太に、池田は「おやじさん、我慢の時だ。『すぐやり直します』と言って、職人の意地を見せつけるしかない」と諭した。

七九年（昭和五十四年）に池田が第三代会長を辞任した際、藤太は「こんな理不尽が通るなら死んだほうがましだ」と泣いた。その様子を聞いた池田は〈忘れまじ　縁もふかき　君とわれ　断固生きなむ　三世の旅をば〉と書いた色紙を藤太に贈っている。

「父は八十二歳で亡くなるまで信心を貫きました。私は信心して五十七年ですが、学会活動は飽きることがありません。夫と一緒に、恩返しの毎日です」と娘の藤江は言う。

トインビーの手紙

「心を打たれたので紹介したい」。こう前置きした池田が、関西創価小学校の児童たちの前で、一人の写真家の生き方に言及したことがある（一九九七年九月）。『ヒマラヤ』『世界百名山』『世界百名瀑』など数々の名作で知られる白川義員である。一九八一年（昭和五十六年）には全米写真家協会の「最高写真家賞」を受賞した。

「白川氏は、壮大なスケールで、〝本物の仕事〟を続けておられる人です」。池田はその一端に触れた。ヒマラヤは四年、アメリカ大陸は三年、南極大陸は支援を依頼する交渉が二十年、撮影に三年。「飛行機を使っての取材は数千回。二回の南極撮影で、二十三キロ体重が減ったという」「まさに生と死の境を踏み分けての撮影です」……想像もつかない話に子どもたちは聞き入った。

◇

〈すでに日本の山でも外国の山でも、何回となく死線をさまよっているので、いまの命は余りものである〉――白川がこう書いたのは四十年も前のことだ。いつ決着するとも知れぬ取材許可を取る戦い。高山病や大吹雪からスタッフの命、自分自身の命を守る戦い……過酷な撮影を貫いてきた白川の信条は、〈地球をアウシュビッツ（＝ナチスの強制収容所）にして何になろう〉（『ヒマラヤ』のあとがき）という一言に象徴される。

若き日の白川に、思いがけないエールが海外から届いたのは一九六九年（昭和四十四年）だった。「六年かけて撮った『アルプス』が日本よりも海外で高く評価されました。その時、無名の私に宛てて、あの歴史学者のトインビー博士から手紙が届いたのです」。

それは自然破壊を憂う碩学からの熱烈な〝ファンレター〟だった。〈あなたは世の中に対して非常な貢献をされている〉〈あなたの作品が、人類にこの不幸な歩みを踏みとどまらせるものとなれば、と心から念じてやみません〉と期待が綴られていた。

「当時の『アサヒカメラ』の編集長たちに手紙のコピーを見せても、『あのトインビーから手紙なんて来るはずがない』と誰も信用しなかった」と笑う白川。「トインビー博士は、次に出版した『ヒマラヤ』に長い序文を寄せてくださった。それまで国内では、私が『地球を再発見し、人間性の回復を』などと訴えても、『一介の写真屋に何ができるか』と総スカンだった。しかしトインビー博士の序文によって、そんな批判も一気に下火になったのです」。

「私は地球を舞台に仕事を続けてきて、どれほど島国根性の母国からいじめられたかしれません。だからわかるのです。池田会長はこれまで、スケールの大きさ、内容の高さからいっても、誰人とも比べられない仕事を重ね、無理解や偏見にさらされてきた。私から言わせれば、国内での評価が低すぎます。『嫉妬』が日本の悪しき遺伝子ではないか。しかし世界はすでに、その偉大さをよく知っているのではないでしょうか」

壮大なスケールで地球の美を記録し続けてきた白川は今、「永遠の日本」をテーマに据えている。「五年越しの仕事です。つい数日前、静岡の『白糸の滝』の撮影が終わったばかりなんですよ」。目を輝かせた。

雪の日の出会い

白川が命がけで撮ったアルプスの写真を絶賛した歴史家トインビー。一九七五年（昭和五十年）に池田との対談集『二十一世紀への対話』（邦題）を発刊し、これまで二十九言語で出版されてきた。イギリスのロンドンで行われた二人の対話は、七二年（同四十七年）と七三年の二度、合計四十時間に及んだ（月刊誌「潮」二〇一八年一月号から五月号に詳述）。その両方を取材した写真家がいる。人物写真の第一人者として知られる齋藤康一である。

池田をロンドンの自宅に招き、白熱した対談を続けるトインビー。齋藤は、碩学のもっといろいろな表情を残したいと思い、トインビー宅を退出する際、愛用のライカの〝置き忘れ〟をしてきた。

忘れ物を取りに戻った齋藤を、トインビーは笑顔で招き入れた。「『書斎を撮らせていただけますか』とか『今度は暖炉の前に』といろいろお願いして、快く応じていただき、おかげで後日に残せる写真が撮れました」と齋藤は語る。こうして〝二十世紀最大の歴史家〟の素顔が、より多くの人に知られるようになった。

トインビーとの二度目の対談を終え、ロンドンからパリに飛んだ池田は、フランス代表者会議の後、田園風景が美しいロワールの地で現地の青年部員たちと懇談している（七三年五月二十三日）。

宿舎のバルコニーから、広大な草原と森が見えた。その場に齋藤も同行していた。「見事な夕陽でした。カメラを構えたけれども、どうしても邪魔な建造物があった。『形が決まりませんね』というようなことを池田会長とお話ししました」。

夕食が終わって、写真談義の最中、二人とも生家が東京の大森駅を挟んだ地域だとわかった。池田は宿舎の便箋に地図を描きはじめた。「大森周辺の詳しい地図です。京浜急行や省線（現在のJR）の路線図、それに六郷川や平和島の地名を次々と書き込まれ、話がすごく盛り上がって夜遅くなってしまい、会長の奥様に呆れられてしまいました」と笑う。二階の広々とした踊り場のテーブルセットで、夢中になって語り込む二人を見つけた香峯子は「まあ、まだ話していたのですか。そろそろ時間ですよ」と目を丸くした。

◇

「池田会長ご夫妻のお宅でのツーショットを、一般誌に載せたのは、ぼくが初めてだったかもしれません」。齋藤はグレーのあごひげに手をやりながら、にこやかに語る。

〈昭和四十三年二月、大雪の日に訪れた偶然の機会から、私は池田会長を一年半にわたって撮りつづけることになった〉（『写真　池田大作を追う』講談社）。香峯子が池田に傘を差しかざす思いがけないシーンを、その雪の日に撮影した。

池田を撮り始める三年ほど前、二十九歳の齋藤は若手芸術家の代表として、中国への交流団に参加している。

「まだ日本との国交はなく、両国の仲がいいとは到底いえない時代です。広州を振り出しに四十六日間で約十都市を回ったのですが、『創価学会はどんな団体ですか』『生活にどれくらい溶け込んでいるのですか』と熱心に尋ねられることが三度もあった。あれには驚きました」。すでに総理の周恩来が創価学会に関心を寄せていた時期だったのだろう。

齋藤は不思議に思った。どんな団体なのか。リーダーはいったいどんな人物なのか――この時の体験が、後の同行取材の淵源になった。アジア、ヨーロッパ、北南米も含め、足かけ二十年にわたり池田の行動を追った。

最初の写真集『写真　池田大作を追う』のあとがきに〈追えば追うほど、池田大作という『人間』は巨きくなる〉〈まるで富士山のように、一枚や二枚の写真では、とらえつくせない対象だった〉と書いた齋藤。「あの時の感想は、今も変わらないですね」と語った。

人と接する達人

ファインダーを通して、写真家は池田のどんな姿に注目したのか。

一九七四年（昭和四十九年）の三月から四月にかけて、池田は北米、中南米を訪問した。その三十八日間に同行した写真家が立木義浩である。日本の写真界をリードし続ける一人だ。

七四年（同四十九年）九月に池田の北米、中南米への訪問記録をまとめた『太陽の詩』（潮出版社）を発刊した立木は、翌七五年一月のアメリカ訪問、同年五月のヨーロッパ・ソ連訪問にも同行し、『大いなる太陽』『太陽との出会い』（いずれも潮出版社）を発刊した。写真とともに立木によるエッセーも収録された。池田の折々のふるまいを軽妙にすくいとっている。

たとえば――「ああ、やっぱり海はきれいだ」。そう言って、マリブの海岸に佇ん

雪の日に齋藤康一が池田の自宅前で撮影（1968年2月、東京・信濃町）

でいた池田が、靴のままザブザブと海に入っていく――。〈あとで考えれば、この時、自分も海に入らなければならなかった〉と立木は振り返る（『太陽の詩』の解説文より）。〈相手が膝まで入ったら、自分は腹まで入るのがカメラマンの務め〉だからだ。〈この時、痛切に感じたことは池田会長という人は、なにとでも語り合える人なんだ――ということだった。だから、どんなことにでも興味を示される。こんなに自然に海にとけ込み、波と語れる人を、他に知らない〉。

今回、池田を被写体にした作品のなかから、組写真を選んでもらった。一枚は、ヨーロッパを代表する文化人アンドレ・マルローとの対話。緊張感がみなぎる。もう一枚は、創価学会員の一家との懇談。くつろいだ雰囲気である。

「知の巨人マルローから一人の無名の子どもまで、とにかく出会った人の数が多いでしょう。その幅の広さがあらわれた写真だと思う」「池田会長はとにかく人をよく気遣う。人と接する達人だよ。そして常に何かを表現しようとしていた」

◇

いま立木は「写真甲子園」という企画の審査委員長を務めている。「私たちの時代は、土門拳や木村伊兵衛の写真を通してこの世界に入った。今は携帯電話一つで、写真のほうからどんどん生活の中に入ってきている。間違いなく写真に対する感覚が変

立木義浩の撮影した池田。フランスの作家アンドレ・マルローと会見（写真上、1975年5月、パリ郊外）、ロンドン市内で学会員の一家と和（なご）やかに懇談（同下、同月）

化していると思う」。

二〇一一年五月、東日本大震災で被災した宮城の気仙沼や石巻など、六つの高校に自ら足を運び、写真部員たちを励ました。「キヤノンや北海道・東川町の協力を得て、カメラをはじめパソコンやプリンターも手渡してきました」。

阪神・淡路大震災の時、「すべて失った。せめて家族のアルバムがほしい」という声を聞き、「写真の力ってすごいんだなとあらためて教わった」という。「被災地の子たちは、今は辛くて撮れないかもしれない。しかし、よそから来た人じゃなくて、地元の高校生の手で、ふるさとの風景を記録してほしい。そう願っています」。

指導者の孤独

「巨大組織を率いる指導者の孤独を撮りたい、という思いもあった」。そう立木は語る。『大いなる太陽』の巻末に収められた池田へのインタビューでは、指導者としての池田の葛藤を聞き出している。ワシントンでの会合を振り返り、立木は「(感動する大群衆の)渦の中にいらっしゃる会長を見ていて、『大変だなあ』と感じました。会長ご自身にしてみれば、大変ではすまないことなのでしょうが」と言った。

池田は「みなが歓喜していれば私もうれしいし、みなが悲しかったら一緒に泣きたい。心でそれはあっても、しかし多くの場合、不可能です」。そしてこう語った。

「自分でいうのもどうでしょうか……私は常に次の一歩を考えなければならない宿命的な立場にいます」「感傷は往々にしてその場だけのものともなりますし、歓喜は永くもっていてこそ、人生に歓喜の日々をつくり出していくのですから」

◇

指導者の孤独——同じ観点から池田の葛藤を描いたジャーナリストに草柳大蔵がいる。昭和四十年代、草柳は池田に同行取材した。なぜこれほど多くの若者の信頼を集めるのか。それが草柳の取材理由の一つだった。一九六七年（昭和四十二年）の夏、福島。池田と学会員の記念撮影が行われた。そのひとコマを、草柳は複数の雑誌に書き残している。

〈ひとりの女子高校生が時間におくれて駆け込んできた。白いセーラー服が背中にぴったりつくほど汗をかき、荒々しい息をついている〉（「文藝春秋」六九年九月号）。〈少女は、がらんとした会場に入ると、撮影の終わったことを知って、肩をふるわして泣いた。学校の行事が重なって時間にまにあわなかったという〉（「時」六八年十二月号）。

会場を出る前にその女子高校生を見つけた池田は「泣くんじゃないよ、おかしいよ」と握手し、「よく勉強して創価大学にくるんだよ」と励ました。少女はさらに号泣した。池田は記念のお数珠を贈り、「さあ、行こうか」とスタッフに語り、後ろも振り返らず歩き出した。

◇

草柳にとって、その去り際の印象が強烈だった。「少女の心情を思えば、あまりに素っ気ない態度に映った」という草柳は、その夜、「あなたは少女の涙をどう思うのです？」と池田に直接問うた。池田は「さっきは、私だって心の中で泣いていましたよ」「しかし、私はあの場で泣くわけにはゆかないんです」と答えた。そして、自分が何を背負って生きているのか、丁寧に説明した。

「あの子の汗びっしょりの顔を見て、私も泣けてならなかった。が、あそこで私が泣いたら、まわりの人がみんな泣いてしまう。そうすると、創価学会は情意的（エモーショナル）な団体だということになってしまう。感情の集団というラベルが貼られてしまう。だから私は我慢したんです。つらかったですよ」「真実はそうではなくても、世間にはそうとられます。私は哀愁をつくれないんです」（前掲「時」）

〈それから彼（＝池田）は「日蓮は泣かねども涙ひまなし、という言葉があるんです」と、ポツンとつけ加えた〉（前掲「文藝春秋」）

さらに草柳は、池田が口にした日蓮の言葉――日蓮は・なかねども・なみだひまなし（御書一三六一ページ）――を、こう読み解いている。

〈私は人間の優しさをいい当てた言葉だと思う。優という字は、ニンベンに憂うと書く。人が人を憂える、他人の痛みや悲しみを自分のものと感じる能力である〉（前掲「時」）

◇

前例のない巨大な民衆の組織を率いる者として、自らの喜びも苦悩も、軽々には他人に見せない池田。しかし、ひとたびカメラを手にすると、何の気兼ねもなく、ストレートに自身を被写体にぶつけてきた。

池田の写真集を一枚ずつめくりながら、日本を代表する写真家の白川義員は「おこがましい言い方になりますが、池田会長が撮影した写真は実に素直です。それが一番素敵なところだと思う」と語る。「写真がうまくなると皆、構図やピントの位置にこだわる。プロでも素人でも、誰かに見せることを意識すると、どうしてもいやらしさが出るものですが、そういういやらしさが全然ない」。

さらに「広がりがある」とも評する。「写真のもつ広がりは、撮る人の心の広さに関係する。広がりがあると希望が生じる。理想を感じさせ、人間を安堵させる。池田会長にはそういう写真が多い」。

「何年か前、東京の港区で『自然との対話——池田大作写真展』を拝見しました。まずタイトルが素晴らしい。『自然はただのモノではない』という思いが伝わりました。人間の精神をつくった根本が自然なのだから、我々が自然から何を受け取るかが勝負です」

一本の道が開く世界

「こんな素敵な写真を撮る人だとは想像していなかった」。ロシア芸術家同盟総裁のバレンチン・シードロフは、その写真の前に立ち尽くし、しばらく動かなかった。ロシアを代表する画家でもある。造形芸術で名高いマスート・ファトクーリンと、興奮して語り合っている。

二〇〇五年（平成十七年）十月三十一日、創価世界女性会館（東京・信濃町）。二人が目にしたのは、池田が撮影した「ウィンザーの道」と呼ばれる一枚だった（一九九一年六月二十七日撮影）。縦二・四メートル、横五・一メートルに引き伸ばされたこの写真は、今も同館のロビーで来館者たちを迎える。

イギリスの古城・ウィンザー城。テムズ川を見下ろす丘の上に立つ。その南側の城門から撮られたこの写真は、池田の代表作の一つだ。「ロング・ウオーク」と呼ばれる約五キロの道が画面の半分を占める。プラタナスや芝生の緑を割るように、地平線までまっすぐ、なだらかに道が伸びていく。

池田は、この「ウィンザーの道」をめぐって次のような一文を残している。

道をつくる人がいる。
道をこわす人がいる。
道を歩み続ける人がいる。
道から外れる人がいる。
私は、道を開く人でありたい。
私は、道を歩み通す人でありたい。
どこまでも　どこまでも
歩み抜き、走り抜いて、
もしや途上に倒れるとも、
荒野の土になろうとも、

池田の代表作である「ウィンザーの道」。イギリスの古城・ウィンザー城から一本の道がまっすぐに伸びる（1991年6月撮影）©Seikyo Shimbun

わが道に続く若人を信ずるゆえに、
私には悔いはない。

◇

案内役だったSGI（創価学会インタナショナル）公認通訳の道口幸恵。「私たちが、いくら他の展示物を説明しようとしても、二人は十五分ほど池田先生の写真の前で立ち止まったままでした」と振り返る。

「見る人が見ないとわからないかもしれないが、これは素晴らしい写真だ」「引き伸ばすと鑑賞に堪えられなくなる風景写真が多いが、彼の作品は引き伸ばすほど作品の世界が大きくなる」。二日後、シードロフとファトクーリンは池田と会い、「モスクワであなたの写真展を開催したい」と強く要望した。翌年（二〇〇六年）の十一月、「日露国交回復五十周年」を祝賀する企画として実現することになる。

池田の写真展の会場は、モスクワ川を挟んでクレムリンの対岸に立つ中央芸術家会館に決まった。年間一〇〇万人が訪れる、モスクワ最大規模の美術ギャラリーである。「SGI会長　池田大作写真展――わが宇宙」というタイトルはロシア側が考えた。「当初の開催期間は十二日間でしたが、ファトクーリンさんからの要望で十日間、延長されました」（大内英二、創価学会国際渉外部担当部長）。

同展のオープニングに出席した文化マスコミ大臣のアレクサンドル・ソコロフ。世界有数の音楽学校、国立モスクワ音楽院の学長を務めた音楽理論の専門家でもある。開会前、池田の写真をくまなく見て回った。「長身のソコロフさんが、まるで写真と話し合っているようでした」（エミコ・シミズ、ロシアSGI副女子部長）。

さらに池田から寄せられたメッセージを聞いたソコロフは、式典の最中、用意してきた自分のスピーチ原稿を丸めてしまった。その場にいた道口は驚いた。「ソコロフさんは、あいさつの冒頭、『心に染み入るメッセージの後では、何を語っても月並みなものとなってしまいます』と前置きして、さっき見たばかりの写真展の感想を熱心に語られました」。

◇

「日本の優れた写真家が五十カ国で撮った、一八〇〇枚の風景写真が展示されている」――モスクワでの池田の写真展は、デジタルカメラの愛好者たちが集まるインターネットのサイトでも話題になり、感想の書き込みが相次いだ。「今日はモスクワに出張。昼間で仕事が片付いたので中央芸術家会館に行ってみた」「目にしたものは、言葉では到底表現できない！　出口で思わず感想を書いた。まだ間に合いますよ」。

噂を知って、はるばるシベリアから訪れた人もいた。来館者数は三万人を超えた。当時、会場でロシア語や英語で書かれたアンケートが、そのまま保管されている。仏法を知らず、「ダイサク・イケダ」が誰なのかもよくわからず、写真展に訪れた人々の声である。

「写真展に来たのは偶然でしたが、来てよかった……この写真は、時間に追われる生活の中から、自然と平和、静寂を引き出して編みあげた織物です。これらの写真を撮られた方の幸せを祈ります」（アレクセイ・フィラートフ）

「まわりがすべて灰色に覆われる十一月のモスクワで、大変さわやかな気分になりました」（ジュラブリョーワ・アナスタシヤ、大学院生）

「ありがとう、ありがとう、ありがとう」（モスクワ、三人の年金生活者より）

「今日で三度目です」（ビクトル、画家）

「どうかご長寿であられますように」（マスラコワ・V・O、元中学校長）

「ぼくは十歳です。あなたと同じように写真を撮るのが好きです。水中の写真は撮らないの？（父が代筆しました）」（ニコライ・キターエフ＝スムイク）

「月の写真が一番気に入りました。世界は美しいのですね」（マーシャ）

「同館のオーナーでもあるファトクーリンさんが、『見に来た人がこんなに元気になって帰っていく写真展は今までなかった』と興奮するほどの反響でした」（道口幸恵）。

翌〇七年（平成十九年）には、聖教新聞に連載された池田の写真紀行（「地球は美しい」と「光は詩う」）のロシア語版『桜花点々』が出版された。

「私は撮ったよ」

池田の写真展はこれまで、海外では四十一カ国・地域、一四〇を超える都市で行われてきた。サンパウロ美術館（ブラジル）、キュンストラーハウス（オーストリア芸術家協会）や、グアナファト大学（メキシコ）、モスクワ大学（ロシア）など、その国を代表する美術館や大学が会場である。スウェーデン、中国、ブルガリア、トルコ、カナダ、パラグアイ、チリ、ペルー、ドミニカ、パナマ、モンゴル、ハンガリーなども国立施設での開催だった。二〇一二年にはアルメニアで初めて行われた。

二〇〇三年（平成十五年）には、タイの三都市四会場で開催。合計十五万人が鑑賞した。その会場の一つが、椰子の木の茂る海沿いに立つ、国立ブラパー大学だった。同大での展示だけで一万五〇〇〇通に及ぶアンケートが寄せられた。

「そのなかの一通が忘れられない」とカズヒコ・バンノ（タイ創価学会副議長）は語る。

「毎日やって来る一人の女子学生がいました」。会場で役員をしていたランチャナー・ブンサップ（タイ東総合本部、女子部総合本部長）が振り返る。「何日も通った彼女から、感想を書いた紙を手渡されました」。

そのメモには写真を撮った池田への感謝が綴られていた。

「写真を見て、これほどまでに深い愛情をもった人がいるのかと感動しました。今まで私は絶望の淵にいました。死ぬことばかり考えていました。しかし、もう一度生きようと思いました。この写真に出あって、生きる希望がわいてきました」

バンノは「彼女は、先生が撮った赤い夕陽の写真や、湖畔の写真の前で立ち止まっていたようです。自殺の淵から立ち直ってくれてよかった。あの時、あの一人のために、写真展をやった価値があったと思います」と語る。

◇

台湾で初めて池田の「自然との対話」展が行われたのは、一九九七年（同九年）の六月だった（台北の国父記念館）。台湾の当時の三大日刊紙（「中国時報」「聯合報」「民生報」）が報道し、テレビでも紹介され、六日間で鑑賞した市民の数は三万人を超えた。

聖教新聞の特派員だった加倉井恵一は、アンケートの中から「素晴らしい写真展だったが、台湾を写した写真がなくて残念でした」という声を見つけた。こればかりは仕方ない、と加倉井は思った。「昭和三十八年の一月、池田先生を乗せた飛行機が台湾を経由しました。先生が台湾の地を踏んだのは、その一回のみ。その時に写真を撮られたという記録は、もちろんありません」。

アンケートの声を知った池田は、すぐさま台北に伝言を届けた。それは現地の人々にとって、思いもよらない内容だった。

「私は台湾の写真を撮ったよ。台湾の皆さんの幸せを願って、シャッターを押したよ」

いったいどういうことだ——加倉井たちは頭を抱えた。しかし池田が「撮ったよ」と断言する以上、必ず何かあるはずだ……「半信半疑で、本社の写真資料部に電話し、事情を説明しました」。

「可能性があるのは、これらの写真ですね。台湾かどうか、現地の方に確かめてもらってください」

本社の生越友子（新宿区、婦人部副本部長）が、何枚かの写真を探し出した。台湾の初代理事長を務めた朱萬里をはじめ、草創の幹部たちは、東京から電送されてきた数枚の写真を見て、思わず声を詰まらせた。目を赤くする婦人もいた。

白い綿雲の下に、見慣れた青い山河が、町々が、くっきりと写っている——まぎれもない台湾の天地だった。

「それは一九九五年（同七年）十一月十七日、香港から日本への帰路に撮られた写真でした。機上から、『ここが台湾だ』と意識して、台湾に住むSGIメンバーのために撮影されていたのです」（加倉井恵二）。画面の左下には飛行機の窓縁が写り込んでいる。台湾の誰も想像していなかった。展示写真を選んだスタッフの念頭にも浮かばなかった。撮った池田だけが覚えていた。

戒厳令下の出会い

台湾に初めて創価学会の支部（台北支部）が誕生した時、台湾全土には戒厳令が敷かれていた（一九六二年）。

翌一九六三年（昭和三十八年）の一月、池田は東南アジアを歴訪。香港から帰国する際、東京への直行便が欠航したため、台北経由の便に乗った。突然の変更にもかかわらず、松山空港に五十人ほどのメンバーが集まった。台北支部長の朱萬里は、空港のフェンス越しに池田を見つけた。気づいた池田は金網に手を突っ込んだ。指が二本ほど入った。朱はその指を握った。空港の係官に頼み込み、ロビーに集まった全員が池田と会えた。

池田は松山空港で「何があっても、どんなに辛くとも、台湾の人々の幸福のために、絶対に仏法の火を消してはならない。本当の勝負は三十年、四十年先です。最後は必ず勝ちます」と語った。「あのわずかな時間に、先生は『冬必為春（冬は必ず春となる）』（御書一二五三ページ）と励ましてくださった」（林釗、台湾SGI理事長）。

空港での出会いの直後の四月、台湾当局から台北支部に対して解散が命じられた。「長い冬」が始まった。

◇

一切の会合が禁止された。当局は「個人の信教の自由は守る」という建前だった。しかし幹部たちは次々と警備総司令部の取り調べを受けた。学会員であることが職場でわかると、左遷されることもあった。御書（日蓮の遺文集）や御本尊まで没収されたメンバーもいる。

台湾SGI理事長の林釗は、何度も警備総司令部の尋問を受け、「私は池田の弟子ではない」と書かれた宣誓書に署名するよう迫られた。「命に代えても拒否を貫いた」と語る。「『それなら文化活動で社会に貢献しようじゃないか』と知恵を絞りました」。三十四人で始めたハーモニカの楽団に、「晨光ハーモニカ隊」と名付けた（六五

台湾のメンバーに思いを馳せ、機中から池田が撮影した台湾の天地（1995年11月）©Seikyo Shimbun

年）。婦人部の白鳥合唱団（六八年）、女子部の天使鼓笛隊（七〇年）も結成された。

「二十年間で三十二回も出頭を求められた婦人部員もいます」（陳蓁蓁、台湾ＳＧＩ総合婦人部長）。朱萬里の妻・秀鳳は当局に呼び出された時、担当官から「この宗教さえやめれば、それですむじゃないか」と諭された。「いい宗教かどうかは、実践しないとわからないではないですか」と言い返した。「家に戻ってから、足がガクガク震えましたよ」と振り返る。

時間を決めた会合は開けない。秀鳳は自宅の地下室を開放し、メンバーがいつでも来られるようにした。クッキーを焼き、お茶を用意した。「お菓子を頰張りながらの井戸端会議を、当局も咎めることはありませんでした」（秀鳳）。

「やっと海外への渡航許可が出て、日本で先生に会ったのは一九七九年の夏です。第三代会長を辞任されたわずか四カ月後でした」（林釗）。その時、池田は林を「最も苦難に満ちた場所で、最も苦しい思いをしながら戦い抜いた人こそ真の人材だ」と励ましている。池田は台湾の同志に、数えきれないほどの伝言や手紙を送り続けた。朱夫妻の自宅に、池田から一メートル半の巻紙が届いたこともある。

〈御金言を身を以て実践した信心は、学会員の亀鏡であり、熱原の三烈士を偲ばせます〉〈創価学会草創期に於いて軍部の弾圧に屈することなく、今日の発展の基盤を

つくったのと同じ方程式であり、台湾に正法が流布する瑞相です〉

八七年（同六十二年）、戒厳令が解除された。台湾ＳＧＩが法人を取得したのは、その三年後である。じつに二十八年ぶりの〝春〟だった。

◇

「私は撮ったよ」という池田の伝言から二カ月後（一九九七年八月）、台北と並ぶ大都市の高雄で、二度目の「自然との対話」展が始まった（市立中正文化センター）。

入口の一番近く――あの機中から撮られた写真が、大きく引き伸ばしてあった。「台湾上空」というタイトルがつけられていた。二重、三重の人だかりができた。

「台湾ＳＧＩの草創期を支えた人々が連日、バスでやって来て、あの写真の前から動かないんです。号泣している人もいた。あんな感動的な場面は、その後も見たことがありません」（加倉井恵一）。「そんなに泣いたら、写真が見えないですよ」と声をかけたかったと言う加倉井も、胸を熱くしながら取材を続けた。

台湾では政府の内政部が「社会優良団体賞」を発表する。台湾ＳＧＩは十九回連続で同賞を受賞した。審査対象となる約九〇〇〇の団体の中で、十九回連続の受賞を果たしたのは台湾ＳＧＩのみである。

「昼は太陽と共に、夜は静かな月光の道で」

〈多くの旅をしなければならないように宿命づけられてしまった私は、ときたま、今なお残された昔懐かしい風景に出合うことがある〉〈その忘れ得ぬ自然をそのままカメラに納め残すことも、人生の一つの価値に通じるのではないかと想い、折々にシャッターを切っている。私は、こうしたことも庶民文化の一つと思っている〉（『平和と文化の光』潮出版社）

「自然との対話」展で展示される池田の作品は、すべて風景写真である。〈「人間は撮らないのか」という問いには、「人の心は変わるが、自然は変わらないから」と答える場合もある〉（『池田大作全集』第一二六巻）。

〈語る人物少なきとき、わが心淋しきものあり〉。会長就任直前の日記である（一九六〇年二月二十八日）。こう続いている。〈新宿御苑の百花爛漫――わが家の、夜店で買いし木花の百花爛漫――いずれが、わが心の芸術なりや。大自然との対話なりや〉（同、第三十七巻）。

池田が本格的に風景写真に取り組み始めたのは一九七一年（昭和四十六年）。最初のテーマは「月」だった。

〈ともあれ昼は太陽と共に謳(うた)いながら
生命を燃やそう
夜は静かな月光の道で
友の休むのを待って
自分という人間を考えよう〉

〈日が昇る
月が静かに光る
君よ
決して懊悩(おうのう)の自身に負けず
自己の城門(じょうもん)を大きく開いて　別世界と交流したまえ〉

(『若き友へ贈る』聖教新聞社)

この言葉に秘められた背景を、さらに探(さぐ)りたい。

第五章

写真——人生を照らす光（下）

山田郁子（東京・新宿本陣区婦人部主事）が和歌山に住む母・政子の危篤を知らされたのは、一九八二年（昭和五十七年）の十月だった。「私は『女性自身』という雑誌の編集者でした。仕事の段取りをつけ、新幹線と南海電鉄を乗り継いで病院に辿り着いた時は夜中でした」。入院当初の九月に、医師からは「もって一週間か二週間と思ってください」と告げられていた。

「お母さん、郁子ですよ」と声をかけると、政子の目から涙が流れた。三日目に意識が戻った。政子は開口一番、「池田先生が撮られた写真が見たい」と言った。郁子は目を丸くした。「母は信心を始めたばかりだったからです」。

半信半疑で「先生のどの写真？」と尋ねた。「海の写真」と政子は答えた。

郁子は実家に飛んで帰った。すぐ見つかった。「東京で私がいただき、母に送った写真でした」。太陽に照らされた長崎の大村湾——五カ月前に池田大作が撮影したばかりの一枚だった。

「母は幼い頃から女学校まで、長崎で過ごしたのです」

「信心は年数じゃないよ」

政子は裕福な家に生まれ、青春時代は何不自由なく過ごした。結婚後、太平洋戦争に翻弄された。夫の金吉は三菱重工に勤め、戦争終盤は熊本航空機製作所の副所長だった。約二万人が働いたといわれる巨大工場である。併設された青年学校の初代校長でもあった。

「父は特攻隊として出撃する卒業生のために食事を用意しました。まともなおかずもなく、『鯛』の絵を描いて食卓に置いたそうです。戦後、『若者たちに申し訳なかった』と涙をおさえながら話してくれました」（山田郁子）

一九四五年（昭和二十年）四月、和歌山に引っ越した。「高野山の檜で木製の飛行機をつくるためだと聞かされ、着のみ着のままで軍用列車に乗りました」。八月に敗戦を迎えると、生活が一変した。芋の蔓を煮て食べ、かぼちゃの茎のトゲに悩まされた。

「よそ者に厳しい時期でした。父もすっかり元気をなくしました。母が、病弱だった私に食べさせようと近所の農家の方に土下座して、鶏のタマゴ一個を恵んでもらった光景が忘れられません」。

和歌山から上京した郁子は、日本女子大学を卒業し、光文社に勤めた。七年も続く激しい労働争議に巻き込まれた。共に戦う仲間が次々と逮捕された。人生を変えた一つの転機は、国交正常化前の中国訪問だった。「はつらつと働く女性たちに触れて『指導者の重要性』を痛感しました」。

もう一つの転機は労働争議中の職場にあった。「編集アルバイトをしている学生の何人かが、他の若者と明らかに雰囲気が違った」という。彼らは頼んだ仕事を必ず仕上げる。とことん調べてくる。愚痴を言わない。話してみると「創価学会の学生部です」という答えが返ってきた。

郁子は誘われるままに青年部の会合に参加し、その場で入会を決意した。「労働運動の闘士から、学会活動の闘士になったわけです」と笑う。七三年（同四十八年）の秋だった。

学会に入って四年後、大きな会合で体験発表をした。信仰歴の古い先輩たちと一緒になって活動に励む様子も原稿に入れた。「数日後、婦人部の大先輩である多田時子さんから連絡がありました。池田先生からの伝言でした。『信心は年数じゃないよ。山田さんによろしくね』と。あの一言は本当にうれしかった」。

信心は年数ではない――この一言を再び実感したのが、母・政子の入会だった。子育て、週刊誌のデスク業務、学会婦人部の活動……気づけば母と離れて暮らすようになって三十年近くが過ぎていた。仏法の話を聞いても首を縦に振らなかった政子だが、八二年(同五十七年)一月、帰省した十七歳の孫(郁子の長男)の心の成長ぶりに感動して、自ら入会を求めた。病で倒れる八カ月前だった。

「意識を取り戻した母は、医師が『すごい生命力のある方で見立てを誤りました』とおわびに来るほど回復しました」。季節は秋から冬になり、年を越した。心ゆくまで題目をあげ、娘とゆっくり語らう日々が続いた。ベッドの脇には池田が撮った大村湾の写真が飾られていた。春を迎え、桜が咲き始める頃、政子は亡くなった。七十八歳だった。「信心して一年と少しでしたが、最高の親孝行ができました」(山田郁子)。

それから八年後、郁子は念願だった自宅を新築し、地下を学会の個人会場にした。「山田栄光会館」と命名されてから、今年(二〇一八年)で二十八年を迎える。

「闇を照らす人に」

一九七三年(昭和四十八年)三月二十一日、「第一回九州青年部総会」が行われた(北九州市の新日鉄大谷体育館)。その席上、池田は五つの「行動の規範」を示した。

「正しき信仰を」「研鑽を重ねよ」「誠実に生きよ」「品格を磨け」「連持（＝持続）の人に」である。

「私はアコーディオンの責任者でした」。九州鼓笛隊の副部長を務めた中田妙子（福岡市、支部副婦人部長）。「総会の終了後、参加した鼓笛隊一一八人全員に、先生から満月の写真をいただきました」。中田が手にしたのは、重なり合う緑の葉の合間に丸い月が浮かぶ一枚である（一九七一年、池田が撮影）。「東京の満月の写真をいただいた人もいました」。それらの写真には「皆が寝静まった後に苦労している人が多い。だから皆のところを、僕が月の光でそっと照らしてあげたい」という趣旨の伝言が添えられていた。

「私は二十二歳でした。その後もたくさん激励をいただきましたが、あの月の写真がひときわ印象に残っています」と中田は語る。「私たち学会員は、座談会などの行き帰り、月明かりの下で歩くことも多いんです。鼓笛隊は夜、一人で練習することもよくあります。『先生も同じ月をご覧になっているかもしれないね』などと話しながら、家路を急いだこともありました」。

◇

池田はさまざまな境遇の人に、自ら撮影したさまざまな写真を贈り続けてきた。

皓々（こうこう）と輝く月を緑葉の間から池田が撮影（1971年）©Seikyo Shimbun

家族を失った東北の学会員のもとへ、「闇を照らす人に」という一言とともに満月の写真を贈ったこともある。多忙な池田会長は〝励ましのための良い武器〟を持たれた――そう評した写真家（井上青龍）もいる。幾百万の同志が営み続ける、生老病死のドラマ。池田の肉声が届かない所にも、足を運ぶことができない所にも、闇を照らすように写真が贈られた。

岡山の中国学園大学で公衆栄養学の教授を務める森惠子（支部副婦人部長）。七二年（同四十七年）の年末、夫の芳輝が二十九歳の若さで亡くなった。「亡くなる三カ月前、闘病中の夫は、池田先生に広島の福山市の会合でお会いし、直接励ましていただきました」。

芳輝は生前、因島（現・尾道市）で家具屋を経営していた。二十七歳の専業主婦だった惠子は、二歳と一歳の娘を抱え、岡山の実家に戻ることになった。

「実家には未入会の父がいましたが、ちょうどその頃、両親と同居しながら女子部の最前線で頑張っていた妹に、池田先生から満月の写真が届いたのです」。妹の中川規子（兵庫、地区副婦人部長）。「女子部の先輩からは『家族が大変な人にいただいたのよ』とうかがいました。まわりの同志の方々に励まされ、母の淑子にも支えられ、〈大悪をこ（起）れば大善きたる〉（御書一三〇〇ジペー）という日蓮大聖人の言葉を胸に学会活動に励みました」。

森惠子は「毎日、皓々と光る月の写真を見ながら第二の人生をスタートしました。心が洗われるような写真でした。私自身も少し後に先生から月の写真をいただきました」と振り返る。管理栄養士の資格を生かして岡山県庁の職員に採用された。

父の知章は「こんなことになったから皆、信心をやめるだろうと思っていたら、かえって一生懸命やりだした」と首をひねった。七年後の七九年（同五十四年）に入会した。

「晩年の父は『辛いこともあったが、孫にも囲まれて今が一番幸せだ』と喜んでいました」と語る惠子。県庁職員から大学教員になり、岡山県の栄養士会会長も務め、二〇一一年（平成二十三年）には厚生労働大臣表彰を受けた。管理栄養士の育成や講習会など、多忙な日々を送っている。

◇

一九七三年（昭和四十八年）一月二十一日。尾崎美代子（練馬常勝区婦人部主事）は東京・練馬区の石神井会館で、その集いの成功を祈っていた。近くの体育館で行われる学会員との記念撮影会に、池田が出席する。会館で留守番役の尾崎は、若干の寂しさを感じつつも「参加した皆さんが喜んでくれれば」と館内を清掃していた。

記念撮影を終えて、石神井会館に立ち寄った池田。陰の人として黙々と動く尾崎の姿を見逃さなかった。翌日、尾崎のもとに一葉の写真が届いた。池田が撮った、雲を突き抜けて輝く太陽である。その裏には、勢いのある池田自身の筆致で、〈いかなる世になれ／太陽の佛法を持てる者に／障害あることなし〉と記されていた。「以来、四十年。この写真に支えられ、勝ち越えることができました」。そう語る八十九歳の尾崎の顔がほころんだ。

◇

ある評論家から「写真は趣味か」と質問され、「写真は戦いです。二度と来ないこの一瞬を、永遠に留める。これは戦いです」と答えた池田。何を撮り、誰に贈ってきたのか。

満月の夜

一九七一年（昭和四十六年）六月九日、函館の大沼研修所（現・函館研修道場）。執務に区切りをつけた池田大作は玄関に向かった。「午後八時過ぎ、『ちょっと出よう』とおっしゃり、車で大沼湖畔を回られました」（大黒覚、北海道主事）。同研修所の職員だった石田耕造（副北海道長）。玄関での会話を覚えている。「池田先生に『外が明るいね。あの光は何だろう』と尋ねられ、高間孝三さん（北海道総主事）が『函館の灯りだと思います』と答えておられました」。

同じやりとりが道中も繰り返された。「道路はうっそうとした木々に囲まれていましたが、たしかに山の向こうが明るかった。途中で車を降りた先生は、輝く湖の水面を眺めて『何の光だろう』と。そして再び車に乗り、少し走った時でした」（大黒覚）。

その瞬間を、池田自身が書き残している（「ニッコールクラブ」一九七一年秋季号）。

〈私はハッと息をのんだ。私たちを待っていたのは人工の光ではなく、あまりにも巨大にして優雅な天体であった。太陽ほどもあろうかと思われる堂々たるその存在に、それが月であることに、一瞬、気がつかなかった〉。

池田は大沼湖畔を一時間弱かけて回った。

この夜に撮影した満月が、写真展「自然との対話」の出発点になった。

◇

「月の写真をこんなにたくさん撮っておられるとは驚きました」。「星の手帖社」の社長、阿部昭は池田の写真集『月』をめくりながら語った。同社は天文教育の支援にも力を入れている。「集中して月をお撮りになった時期があったとすれば、大きな心境の変化があった時や、体調を崩された時ではないでしょうか。フランス語では『太陽』は男性名詞、『月』『海』は女性名詞です。疲れた時は、月や海を見るほうが癒されるものです」。

阿部は「月そのものの写真なら、三日月や繊月（細い月）が絵になります」とも語る。「満月は『盆のような月』という歌詞のとおり、のっぺりして表情が乏しい。しかし池田名誉会長の写真は、三日月よりも満月が多い。『月そのもの』ではなく、木の枝や、緑の葉や、富士山など『月光に照らされる世界』を写そうとされたのかもしれませんね」。

会長職という激務のなか、なぜ折々の風景を撮り始めたのか。「月と夕陽とカメラ」と題された池田のエッセーがある（「ジュノン」一九七四年二月号、主婦と生活社）。「元来、不器用な私にとって、カメラとの邂逅は、正式には昭和四十五年のことといってよい」――それは前年から起こった「言論・出版問題」で、池田が体調を崩した時期だった（単行本『民衆こそ王者』第一巻で詳述）。〈少々、心身ともに疲れていた私に、激励を兼ねてであろう、ある人たちがカメラを贈ってくれた……「是非このカメラを使用して、何かを写してもらいたい」と〉。〈しかし、半年も先まで日程が組まれ

ている悲しい私には、自由な写真旅行とか、写真行脚とはいかない。そこで、会合等で、遠出をした場所を選んで、たまにファインダーをのぞくということを覚えたのである〉（前掲「ジュノン」）。

そうして最初に選んだ被写体が「月」であり、「夕陽」だった。池田は〈華やかな表舞台の人よりも、陰の人にこそ合掌する思いで、私は生きている。だから、月が撮りたかった〉（一九九九年三月二十八日付「聖教新聞」）と回想している。

また、次のような短文も綴っている。

夕陽を浴びながら
　これから座談会に歩みゆく
君の姿の荘厳にも似た
　尊い軌跡のために
私は、この瞬間を写しとりたい

まさに沈みゆかんとする
　太陽の彼方

悩める民衆と語りゆく
君の黄金の人生と活躍を
私は、心して包みとりたい

「眼で詠まれた詩」

「私が思うに、池田会長のポエムは口で詠まれた詩であり、写真は眼で詠まれた詩です」

「水中の鯉、木々や花の輝き、夕陽、月……これらの作品に写された『生きとし生けるものの鼓動』を通して私は、『永遠の生命』へ昇り続けようとされる会長自身の姿を思い描いた」

二十世紀を代表する美術史家ルネ・ユイグの言葉である。ユイグは、池田大作にとって海外初となる写真展をパリで主催。「写真の選択をはじめ、額装の仕方などすべて、私が決めた」というほど精魂を傾けた。

「一九七五年、パリ郊外の会館でお二人が対談された時です」。その場に居合わせたフランス在住のメンバーは語る。「ユイグさんは語りました。『池田会長、あなたと話していると、まるで深い海まで潜り、海底の宝物や真珠を探し当て、地上まで運んでくる漁師の姿を想像させます』と」。

必要とあらば海の底にも潜り、目の前の人にふさわしい「何か」を探し出す。ユイグは池田にそうした人間像、指導者像を見ていた。二人の友情は後に、東京富士美術館の創立を彩った（第三章で詳述）。

◇

仙台に住む写真家、大沼英樹。人生が変わったきっかけは一九九六年（平成八年）、仙台で開かれた「自然との対話」展だったという。大沼はその三年前、二十四歳で入会していた。「信心する前は、農業高校を卒業した、ただのバイク好きでした。どうすれば楽に生きていけるだろうとか、そんなことばかり考えていた」と笑う。学会員のプロ写真家と出会い、仏法を知った。助手として写真家修業もスタートした。

「なんで学会の会館で写真展なんかやるんだろう」。不思議に思いながら「自然との対話」展に足を運んだ。「当時は池田先生のこともよく知らなかった。写真の腕も少し上がってきて、『写真家は他の人と違う、ちょっと特別な存在なんだ』と思っていました」。

池田の撮った風景写真は、どれも大沼にとって鮮烈だった。そして、満月の組み写真の前で、一歩も動けなくなった。「心に突き刺さりました。あの感動は言葉で説明できないです。心底、ああ俺は甘いなと感じました」。その写真のそばに「微笑」という詩が掲げられていた。

〈前進には　革命には
様々の圧迫がある
障魔が逆らう
それを打開しゆくのが
青年の青年たるゆえんだ
冬に耐えた春の大地の
萌芽のごとくに〉

〈青年よ
いつまでも甘い考えを抱いていてはならぬ
現実は厳しい……
青年は　真剣に目的に進む時

最も尊く　最も気高い——
されど決して微笑を忘れてはならぬ
常に快活であれ
中天の太陽のように〉

池田が二十一歳で書いた詩だ。「その場で書き写しました」という大沼は、今もそのメモを大事に持っている。「なぜ月は輝くのか。太陽に照らされているからですよね。俺も太陽のように人を元気にする写真を撮りたい、と思いました」。

二年後に独立。「山形で農業を営む父からは『写真で腹くっつぐなんね（写真で腹一杯にはならない）』と愛情半分、心配半分の言葉をかけられました」。二〇〇二年（平成十四年）から全国の桜を撮り始めた。大沼が初めて桜の写真集を出版したのは一〇年（同二十二年）。その一年後、東日本大震災が起こった。

大沼は「被災した友人の家に物資を届けたり、救援活動で動き回るなかで、『この風景を撮ったら残るだろうな』と思ったが、苦しくてカメラを持てなかった」と震災直後を振り返る。「桜が咲き始めて、もう一度写真が撮れるようになりました」。

桜前線を追いかけて、山口県から東北に向かった。一一年（同二十三年）十二月、東京の銀座で九度目の個展を開いた。タイトルは「それでも咲いていた　千年桜」。五十枚ほどの写真展である。福島の相馬、南相馬、宮城の気仙沼、石巻、女川、東松島、岩手の宮古、大船渡、釜石、大槌……想像を絶する被災のなか、桜が春を告げる。「どんな困難にあっても人々が立ち上がることができるように、これらの写真を百年後、千年後までも残そうと誓ったんです」。

写真展の冒頭に、大沼は陸前高田の桜を選んだ。「どうしてもこの姿を残さねばならない」と思った一枚だ。――あたり一面に瓦礫が広がる。一本の桜が立っている。桜の太い幹に、津波で流された数百個の養殖牡蠣が、筏やロープごと容赦なく巻き付いている。

それでも咲き始めた桜を、夜明けの月が静かに照らしていた。

「踏まれても、踏まれても、立ち上がる花だから」

東日本大震災で甚大な被害を受けた学会の会館の一つが、宮城の気仙沼会館である。地震が起きた時、加賀利夫（気仙沼市、副本部長）は職場にいた。漁船のエンジンなどを修理する仕事である。揺れが尋常でなく、「みんな帰っぺ」と声をかけ合い自宅に急いだ。妻のきい子（同、婦人部副本部長）と一歳二カ月になる孫の大心を車に乗せた。

「高台に向かう道は渋滞していて、気仙沼会館の方向へ向かいました。会館の手前の十字路に車一台分のスペースが空いていて、なんとかすり抜けた。会館に入ってしばらくしたら、玄関のガラス越しに黒い水が迫ってくるのが見えた。『こんで終わりだ』と思った」

〈（気仙沼会館は）海から五〇〇メートルしか離れていない……津波の勢いは止まらない。避難者は会館の二階へ。それでも水が迫ってくる。全員、須弥壇にまで上がった。振り向くと、水は足元すれすれで、かろうじて止まった〉（二〇一一年三月二十二日付「聖教新聞」）

「学会員が八人、近所の人は十四人いました。大広間の畳も全部、津波の水で浮かびました」（加賀きい子）。二階の窓からは流されるバスが見えた。会館のアンテナの上に避難している男性がいた。「脚立を使って助けたら、なんと気仙沼会館の増築を手がけた業者さんでした。相談して会館の天井を破り、断熱材を引っ張り出して、全員の体に巻きました」（加賀利夫）。

水が引き始めた。「とてつもない爆発音」が聞こえた。近くの重油タンクに引火し、大火災が発生していた。会館裏のコンビニエンスストアも焼けた。燃える木片がゆらゆらと会館に迫った。「燃え移らないように必死で水をかけました」（加賀利夫）。会館の壁には穴が開いていた。きい子は流れてきたペットボトルを取ってもらい、断熱材にくるんだ孫の大心に飲ませた。爆発と余震が続く。題目の声が朝方まで途切れることなく続いた。

翌日午後、救援隊に二十二人全員が救助された。「避難する時は、水やヘドロでスリッパが流されないように、スリッパの上からストッキングを履いて歩きました」（加賀きい子）。

◇

一週間後の三月十九日、聖教新聞東北支社編集部長の斎藤国夫たちが気仙沼会館を訪れた。一階は外壁を破って突っ込んだ乗用車をはじめ、大量の瓦礫で歩くことすらおぼつかない。流されたカツオやサンマも転がっていた。館内外の被災状況をカメラに収めた後、濡れもせず、流されもしなかった備品をいくつか車に積み込み、市内の救援拠点に向かった。

「これも見つかったのか」。総宮城長だった盛島明彦たちは声をあげた。「無傷だった備品のなかに、池田先生が撮影された写真額があったのです」（斎藤国夫）。それは色とりどりのコスモスが青空の下で咲き誇る写真だった（二〇〇七年八月、長野で撮影）。

コスモスは以前から「東北婦人部の花」として親しまれてきた。震災直後、断片的な情報から「気仙沼会館は猛火にのまれた。絶望的だ」と思われていた。想像を絶する被害報告が相次ぐなか、「気仙沼会館に避難した人は全員助かった。コスモスの写真も無事だったらしい」という知らせは、小さくとも確かな朗報だった。半年後の九月、東北婦人部は「コスモス希望の集い」と名づけたグループの集まりを東北全土で開いた。

東北婦人部長の千田静枝は語る。

「避難所や仮設住宅も会場となりました。まだご遺族の納骨ができない方々も多い状況でした。四畳半の部屋に七、八人で集まったり、テーブルに飾ったコスモスを囲んで、お互いの悲しみや苦しみを話し、聞き合ったり……。そういう小さな場で『コスモスの写真』も話題にのぼり、喜びになり、広がっていきました」

津波で自宅を流された加賀夫妻。今、夫の会社の再建を目指している。「震災の後、いろんなお宅に家庭訪問に行くと見かけるんです。庭に咲くコスモス。道ばたで咲くコスモス。丈夫なものだな、私たちみたいだなって思います」（加賀きい子）。

「踏まれても、踏まれても、立ち上がる花だから、本当に婦人部のことだ」。きい子

池田が撮影したコスモス（2007年8月、長野・軽井沢）。宮城の気仙沼会館で、津波の被害を免れた写真額に収められていた ©Seikyo Shimbun

が話す隣で利夫が微笑んだ。

◇

「震災前は、石巻で海岸から七〇〇メートルくらい入った平屋に住んでいました」。佐々木智恵（宮城・東松島市、地区副婦人部長）は三月十一日、隣近所の人を車に乗せて高台に向かった。行けるところまで行って車を乗り捨て、あとは歩いて逃げた。

「山に野宿し、次の日は鹿妻小学校に泊まりました」。

数日後、自宅に戻った。屋根まで浸水していた。両隣の家は壁が流され、柱ばかりが目についた。

甚大な被害を受けた石巻（死者は関連死を含め三五五四人、行方不明者四二二人。二〇一八年三月末現在）。佐々木は東松島に借りたアパートから、石巻まで通っている。学会員であるなしを問わず、消息を尋ね、声をかけて回る。友人が住む石巻市大橋の仮設住宅に行った時の様子が、聖教新聞に紹介されていった。

〈ある日、友人の家を訪ねると、見覚えのある写真が額に収められていて、あれっと思った。友人が笑って応える。「きれいだよね、これ。智恵ちゃんからもらったの切り抜いて入れたっちゃ！」……殺風景な仮設住宅の部屋が、それだけで華やいだ雰囲気になる〉（二〇一一年十一月五日付）

その友人は、佐々木が震災後に手渡した「グラフＳＧＩ（創価学会インタナショナル）」の一ページを切り抜き、額に入れて飾っていた。二〇〇八年（平成二十年）に池田が撮影した、白に赤紫が映える洋ラン（デンドロビューム）の写真である。

今も被災した知り合いが孤立したり、つながりが途切れたりしないように訪問し続ける日々だ。〈家族を助けられなかったと何度も悔やむ人がいる。元気づけたくても、思うように言葉が見つからない。いつも、もどかしさを感じる。だから、「この人は幸せになれる！　いつか必ず！」と祈りを込めて、じっと耳を傾け続ける〉（同「聖教新聞」）。

被災した子どもに支援物資を送るＮＧＯ（非政府組織）も手伝い、玩具などを手渡した家庭はこれまでに一〇〇を超えた。

「三島由紀夫は身構えた。池田さんは飾らない」

敗戦国の日本がサンフランシスコ講和条約を結んだ一九五一年（昭和二十六年）九月。葉巻をくわえた吉田茂（当時の首相）の笑顔が「ライフ」誌の表紙を飾った。この表紙は世界各地を駆け巡り、「復興する日本」を印象づけた。

撮影したのは三木淳。日本の報道カメラマンの草分けである。足かけ八年かけて池田を取材し、『写真　創価学会』（一九六八年、河出書房）を出版した。この写真集で使われた数々の写真に心動かされて学会に入った人もいる。池田に対し「あなたの撮った写真で写真展をやるべきだ」と強く勧めたのも三木だった。

◇

〈（三木さんと）初めてお会いしたのは、昭和三十五、六年ごろ、真夏の日であった〉（『池田大作全集』第二十一巻）。会長就任間もない池田は、初対面の三木との懇談で「昔から毀誉褒貶を気にしてはいけないといわれていますが、私も人間ですから少しは気にします。ほめられれば、ちょっといい気になりますし、けなされれば腹もたちます」と率直に話している。「しかし、学会のことをけなされた場合、私を信じてついてくる大勢の学会員がかわいそうですから、私は断乎として闘ってきました」。

池田と語り合った印象を三木はこう綴った。

〈私はいままで、偉いと世間からいわれている多くの人々に会ってきたが、池田会長のように率直にものをいう人は初めてであった。高い地位にある人はことさらに自分を偉くみせようという衒いがあるものだが、池田さんにはそれがない。直観的に若い人々が「先生、先生」と敬慕するだけの大人物であるとわかった〉（『写真　創価学

写真家・三木淳が撮影した香港の「船上座談会」。『写真 創価学会』に収録されている

会』）

「作家の三島由紀夫はカメラを向けると、必ず身構えた。そういう人は多いが、池田さんは飾らない」とも語った。写真家仲間から「三木は写真家には惜しい男だ。あの才智と男気があれば、政治家になればまず大臣は間違いない」と親しまれ、池田も「まれに見る活動家」と評した三木。聖教新聞本社まで毎週のように通い、写真記者たちに技術指導したこともある。

◇

三木はブラジルをはじめ海外で信仰に励む学会員の日常もフィルムに収めた。香港では小さな舟の上で暮らす水上生活者の様子を撮った。「香港仔」、英語で「アバディーン」と呼ばれる地域である。

「当時は読み書きのできない人も多かった。この写真は、庶民に仏法が広がる様子を伝える貴重な記録です」（李剛寿、香港SGI名誉理事長）。写真には香港初代理事長の周徳光も写っている。「バスや電車を乗り継いで『船上座談会』に集う人もいた。波止場で『仏の船』はどこかと尋ねれば、誰でも知っているくらい有名でした」（李剛寿）という。

「アバディーンの座談会の話は有名ですね。香港の方々の信心に多くを教わりました」。島田寿雄（大阪・豊中市、副支部長）が語る。一九八七年（昭和六十二年）、二十五歳の時に香港へ赴任した。服飾資材を扱う商社で海外第一号となる現地法人づくりを任された。

「広東語もまったくわからないなかのスタートです。周りの状況が見えてくるにつれ、プレッシャーで自信を失いそうになりました」と語る島田。香港に来て一年半が過ぎた頃、池田から写真が届いた。「香港の有名な高層マンション『エリザベスハウス』の写真です。右端に窓枠が写り込んでいて、車の中から撮られたことがわかります。思いもよらない激励でした」。八八年（同六十三年）二月、香港訪問の際に池田が撮った一枚だった。

島田は「ここで負けられない」と奮起した。香港の中国返還までの十年間ほど駐在し、今は同社の代表取締役専務を務める。会社は北京、上海、タイ、ベトナム、アメリカにも事務所を構えるようになった。「あの時の写真が、自分にとって大きな転機でした」と振り返る。

◇

三木淳が残した「昭和五十年五月三日の池田会長」というエッセーがある。〈私は泣き虫である〉という書き出しで始まる、三木自身の闘病記録だ。

〈私が三年前（一九七三年）、脳腫瘍を手術した後、枕の下から水ににじんだ手紙を発見した。開けてみると池田先生からのお見舞の手紙であった。私は即座に「先生からのお手紙をにじませて、もったいない」と家内をどなりつけた。「手術前、先生からお手紙を戴きましたとあなたにいったら、枕の下に入れてくれといったじゃありませんか」と逆に家内からしかられた〉

五十三歳の三木。大手術を乗り越えた。十八日間も意識がなかったという。退院後、池田は三木の自宅まで見舞いに行った。闘病中の三木は、かつて池田から聞いた「人の三倍働けばなんとかなる」という言葉を支えに、リハビリに励んだ。ひと月後に全快し、ヨーロッパ取材に飛んだ。

手術から二年が経った。三木は池田の会長就任十五周年の式典を取材した。「一度死んで、先生のお陰で甦った私のせめてものご恩返しはこれ以外にない」とまで意気込んだ。

「お二人の再会の場面はよく覚えています。先生は車から降りるや『三木さん！』と呼ばれた。三木さんは涙を浮かべ、構えていたカメラを下ろされた」（牛田恭敬、聖教新聞写真局主事）。その瞬間を三木自身が記している。

〈（池田会長が）つかつかと私の所にこられて手を差し延べられた。「よく頑張りましたね。元気になられましたね。いつもお祈りしていますよ。お互いにもう少し長生きしましょうよ」と励ましてくださった。私は泣いた。涙が吹き出て止まらなかった。「先生のお陰でこんなに元気になりました。ありがとうございます」と申し上げたつもりだが、はたして言葉になったかどうかわからない〉

三木は日本大学教授や国内初の写真専門美術館「土門拳記念館」の初代館長を歴任。後進の育成にも力を注ぎ、七十二年の生涯を終えた。

春色のカーディガン

「ぼくと池田会長の出会いは一期一会だけど、お互い何冊か写真集を贈り合う『写真集友だち』なんです。こんなこと言ったら学会員さんに怒られちゃうかな」。人なつっこい笑顔で語るのは写真家の篠山紀信。日本を代表するクリエイターの一人だ。

「池田会長は、好きな時に好きな場所に行って撮れないでしょう。限られた時間、限られた目線、限られた範囲という厳しい制約下で、よく撮り続けられるなと感心します。相当に強烈な意志がなきゃできませんよ。ぼくなら絶対無理。写真を拝見して『もっと自由に動き回りたかったんじゃないかなあ』と感じたこともあります」

篠山は一度だけ池田を撮影したことがある。一九七三年（昭和四十八年）三月四日、東京農業大学（世田谷区）。同大学に学ぶ学生部員たちが「現代農業展」を企画し、池田をはじめ四六〇〇人の世田谷区内の学会員を招待した。そのメンバーたちと池田の記念撮影も行われた。

当時、潮出版社の宣伝部長だった増田信之。「『生命を語る』という池田会長の新刊本の、ポスター写真を篠山さんにお願いしました。東京農大の体育館で記念撮影があるので、その休憩時間を使いました」。

当日の朝、篠山紀信から増田のもとに『春色のカーディガンを用意してください』という連絡が来た。「だって、背広の堅苦しいイメージだけじゃ面白くないから」と篠山は振り返る。

「体育館では、高い撮影台に何百人も並んで待っていた。よく覚えています。記念撮影が終わって、次の記念撮影の列をそろえる間、池田会長が控室に寄る。そこでぼくが撮る。これを何度か繰り返しました」

撮影中、篠山の高所恐怖症が話題になった。「でも写真を撮る時はこわくありません」。「さすがだ。それがプロだね」。「あ、話している顔がいいですね。話し続けてください」。篠山がすかさず注文し、笑いが広がった。「スタジオでもないし、決してい

写真家・篠山紀信と「一期一会」の出会い（1973年3月、東京・世田谷区）©Seikyo Shimbun

い撮影条件じゃなかった。カメラの前で殻にこもって権威的になっちゃう人もいる。そういう時はなんとかして相手の心をほぐさないといけない。でもあの時はそうじゃなかった。まったくの初対面でも、ぼくのことをふっと受け入れて、逆にぼくが包まれるような感じだった。池田会長はとっても人間的に大きい人ですよ」。

記念撮影の合間に、池田は「きょうは日本を代表するカメラマンが来られています。篠山さん、どうぞいらっしゃい」と紹介した。「篠山さんは控室で『おい、ぼくのこと言ってるよ、どうしよう』とびっくりされましたが、照れながら体育館に出て行って、皆さんから拍手で迎えられました」（増田信之）。

「昭和四十八年は『女形・玉三郎展』で芸術選奨新人賞をいただいた年です。池田会長はご自身も写真を撮り、写真がわかる人だから、おそらくぼくの作品も見て、好意をもっておられたと思う。指名していただいて名誉に思っています」と篠山は語る。

『生命を語る』の新聞広告には背広姿の写真が使われた。書店や電車の中吊り広告は青いカーディガン姿の写真だった。「カーディガンのほうが、はるかに反響が大きかったですね」と増田は笑った。

◇

今回の取材中、「池田会長は〝眼が鋭い〟」という言葉を何度か聞いた。シャッター

ポスターに使用された篠山紀信撮影の一枚

チャンスをつかむ力の強さを、そのように表現するそうだ。

「昭和三十二年から三年間、会社勤めの頃、じつは学会本部の隣のアパートに住んでいたんですよ」。日本写真家協会会長の田沼武能は懐かしそうに語った。「夜、二階の自宅に帰ってきて窓を開けると、まだ本部の窓が明るくて、若い人たちが熱心に祈っていた。大家さんに『隣は何の団体なんですか』と尋ね、創価学会の建物だと知りました」。

田沼はアメリカのタイム・ライフ社の契約写真家として池田を取材している。「こちらの要望に気さくに応じてくださり、庭で息子さんと相撲をされるところも撮りました」。

「ライフ」誌の仕事がきっかけで、「世界の子どもたち」がライフワークになった。訪問国は一二〇を超えた。その多くが発展途上国である。田沼の作品は長年、聖教新聞で連載され、学会婦人部が行った「子どもの人権展」でも紹介された。

「戦争の一番の犠牲者は子どもです。平和でなければ子どもの笑顔はない。これが私の究極の結論です」

近年は、武蔵野の消えゆく自然をテーマに撮影を続ける。八十三歳の今も、機材を抱えて朝四時台の電車で撮影現場に赴くこともある。「単に美しい自然を写しただけだと『絵に描いた餅』のようで、心が通う写真にならない。どこかに人間の生活、足跡を感じられるような風景を撮りたい。僭越ですが、池田さんも同じような心の構え方ではないかと思います」。

池田が撮った写真集を眺め、神奈川・真鶴の海の写真に目をとめた。「ごく自然に、パッとひらめきを感じ撮られるのでしょう。風景写真は『出あい』に尽きます。この波しぶきも、出あった瞬間を切り取っておられるのが素晴らしい」。

子どもたちと見たヒマラヤ

モンゴルの首都ウランバートルに立つ国立現代芸術ギャラリー。「自然との対話」展のオープニングを前に、スタッフの高木義介（総千葉長）たちは準備を進めていた（一九九七年八月）。

いつの間にか入ってきた一人の老人が、設置し終わった一枚の写真に近づいたり、離れたりして熱心に眺めている。「誰だろうと不審に思い、声をかけました」（高木義介）。その老人は、モンゴルで知らない人はいない国民的画家のニャムオソリン・ツルテムだった。

「この写真には物語があります」と高木に語りかけた。ツルテムが見ていた写真は、池田が二年前にネパールで撮ったヒマラヤの風景だった。「ウィンザーの道」などと並ぶ、池田の代表作である。

聖教新聞のインタビューを受けたツルテムは、鋭い眼光をたたえて答えた。「『一瞬』を超えた写真です。哲学があり、芸術があり、物語を紡ぎ出す確かな眼がある。

ただ現地に行きさえすれば、このように見ることができるというものではない。私もヒマラヤの絵を描いてきましたが、こんなふうに描くことは不可能です」。七十四歳の老画家は「この作品を見て、私にはもうなすべき仕事は残されていないと思いました」とまで評した。

その一枚は、池田自身が「できれば撮りたかった。日本の青年にも見せたかった」と望んだ絶景だった。

◇

「なんとしても先生にヒマラヤを撮影していただきたい」。ネパールSGI名誉顧問の川村良子（東京・目黒戸田区婦人部主事）は長年、願い続けていた。きっかけは一九七九年（昭和五十四年）、池田の第三代会長辞任だった。「ただ悔しかったんです。私自身、山歩きが好きだったこともあり、『世界一の山々を、世界一の先生にご覧いただきたい』と強烈に思った」。

商社で働いていた川村。「エベレストを一望できる場所にロッジを建てよう」とも決意した。何のつてもなかったが、現地のシェルパ（ヒマラヤを案内する少数民族）と一から信頼を築き、会長辞任から十年後、その夢を実現する（一九八九年）。池田は〈世界一　高き道場　川村城〉と詠んで川村に贈った。

「一九八〇年代後半、ネパールのメンバーは十二人でした。カトマンズ市内のアパートで勤行会を開いていました」。そのなかには、のちにネパールSGI理事長となるケシャブ・シュレスタもいた。

「メンバー数が一〇〇人を超えた頃、池田のネパール訪問が決まった。『先生は『写真を撮りに行くよ』ともおっしゃいました。受け入れ準備の合間を縫って、『ヒマラヤを撮れる場所』を必死に探しました」（川村良子）。

日程は詰まっている。十一月一日＝国王と会見、二日＝トリブバン大学で記念講演、三日＝同大学から名誉博士号の授与式、四日＝カトマンズ市の名誉市民称号授与式とネパールSGI総会、五日にネパールを出発――撮影のチャンスは、午前中に行事が終わる三日の夕方しかなかった。

有名なナガルコットやカカニといった観光地は、行くまでに時間がかかるため組み込めない。川村たちスタッフは、トリブバン大学から車で一時間ほど南に行ったあたりに、スナコティという高台の村を見つけた。そこからはヒマラヤが見渡せて、カトマンズ市街も一望できる。珍しい景観である。「ここしかない」と思った。

三日、授与式を終えた池田は「さあ行こう」と周囲に声をかけ、午後四時過ぎに宿舎を出発した。車は環状の幹線道路から舗装されていない道に入り、揺れながら進

池田の代表作の一つであるヒマラヤの写真
（1995年11月撮影、ネパール）©Seikyo Shimbun

んだ。

川村たち何人かのスタッフは先に現地に着いていた。「雲がかかって、山がほとんど見えず、焦りました」。

池田が到着した。「あちらがヒマラヤの方角です」と示さなければわからないほど曇っている。

「あっちがヒマラヤか」。そう言った池田は、妻の香峯子と同行者たちのほうを向いて何枚か撮影した。

再び振り返った。不意に、雲が切れた。

「ピンク色に染まった峰が、東からランタン、ガネッシュヒマール、マナスルと次々に現れました。夕陽で山肌の色が刻々と変化していきました」(川村良子)。シャッターチャンスはわずかな時間だった。

〈実はこの時、私には、かわいらしい応援団がついていた〉。池田はその時の情景を綴っている(一九九九年一月十日付「聖教新聞」)。

〈丘で遊んでいた近くの村の子ども達である。二十人くらいだったろうか。はじめは遠巻きに見ていたが、好奇心を抑えられなかったのだろう、私が移動するたびに、ぞろぞろとついてくる。子ども達の身なりは貧しかった。しかし、目の輝きは宝石のようだった。私は語らずにいられなかった〉。布を丸めたボールで遊んでいた子どもたちが池田を囲んだ。

――私たちは仏教徒です。ここは仏陀（釈尊）が生まれた国です。仏陀は、偉大なヒマラヤを見て育ったんです。あの山々のような人間になろうと頑張ったのです……みなさんも同じです。すごいところに住んでいるんです。必ず、偉大な人になれるんです――

当時の子どもたちとネパールSGIの青年部は、二十三年経った今も交流を続けている。電話公社のドライバーや公務員もいれば、商店主、理学療法士になった子もいる。

撮影を終えて宿舎に戻る道中、突然、池田の車が止まった。後続車に乗っていた人々は「牛でも横切っているのかな」と思った。「道路沿いにSGIメンバーの家があり、先生は居合わせたお母さんと娘さんを激励されていました」（川村良子）。その家の息子のアミット・ランジットは、ネパール男子部長、青年部長を歴任。のちにスウェーデンの大学で修士号をとった。

「ああ、月がきれいだ」。そう言って夕空を見上げ、池田は再び車中の人になった。ヒマラヤの峰々のはるか上方から、夕餉の煙のたなびく家々に白い月光が降り注いでいた。

東北の「父子の譜」

北海道の大沼湖畔で初めて月を撮った五日後、池田は宮城の仙台にいた。約二〇〇人の青年部が集まり「仙台・青年と語る会」が行われた（一九七一年六月十四日、旧・東北文化会館）。メンバーの多くが二十代前半である。その場に池田は、一組の初老の夫婦を招いた。

吉原正三郎と妻のしづ子――二週間前、長男の浩一を亡くしたばかりだった。「目立ってはいけないと思い、会場の一番後ろにいました」。二〇一二年（平成二十四年）、九十二歳になるしづ子（宮城、支部副婦人部長）が語った。

「今日は、吉原浩一君のご両親がいらっしゃっています」。池田はそう言い、二人をそばに呼んだ。『今日一日は、絶対に私と離れてはいけませんよ』と言われ、追善の勤行も一緒にしていただいた。泣けて泣けて、声になりませんでした」。

池田は吉原夫妻に語りかけた。「優秀な青年でした。惜しかった。さびしいでしょう。辛くて、辛くて、しょうがないでしょう。でもすぐ帰ってくるよ。それが仏法です。それが信心だと確信して。そう確信しなければ……たまらないよなあ」。池田に肩を抱かれた正三郎の目から涙がこぼれた。さらに池田は「ぼくが写しました。差し上げましょう」と言い、正三郎に一枚の写真を手渡した。〈それは木の間から暗い湖面にキラキラ輝く波と ぽっかり中天にかかった満月の写真でした〉(正三郎の手記)。五日前に大沼湖畔で撮ったばかりの写真である。

正三郎と浩一の親子について、池田は後年、〈青葉が薫る杜の都(=仙台)に、広布にかけた父子の譜は、永く語り継がれていくことであろう〉(『忘れ得ぬ同志』聖教新聞社)と讃えている。

◇

学会本部の職員だった吉原浩一の病状に池田が気づいたのは、一九七〇年(昭和四十五年)の暮れ。言論問題の余塵がまだ冷めない頃だった。

東京・信濃町の学会本部。深夜まで明かりのついている部屋を見つけると、池田はしばしば激励して回った。〈窓ぎわに机が一つしかない小さな部屋で、書類に顔をすりつけるようにして彼は仕事に没頭していた……私は非常に心配し「きょうはもう帰りなさい」といい、体の精密検査をするようにも促した。彼は「気をつけます」と唇を結んで答えた〉(同)。

吉原は目が見えにくくなっていた。のちに、腎不全による高血圧で眼底出血していたことがわかる。

「一家で信心を始めたきっかけは浩一の病気でした」と母のしづ子。「幼い頃からリウマチやネフローゼで苦しみました。むくんでいた浩一の足が次第に治っていった時は、本当にうれしかった」。浩一は東北大学に進学し、学会の東北学生部の礎を築いた。卒業時には担当教授から、専攻していた心理学で大学院に残るよう請われたが本部職員を希望し、上京した。

幾つかの職場を経て、「第三文明展」などを担当する部局に配属された。「吉原君が尽力した『第三文明展』は、言論問題の暴風雨の後、学会の文化運動を社会に大きく開く挑戦でした。彼は誰よりも誠実に取り組んでくれた」(山崎尚見、最高指導会議員)。全国副高等部長として高校生たちの激励にも力を注いだ。

ある時、壁を伝いながらゆっくり歩く吉原に同僚の鈴木琢郎(創価学会副会長)が気づいた。「おい、目が見えないんじゃないのか」。病院に行って診てもらうよう説得しても、吉原は頑として拒んだ。「俺の体は俺が一番知っている。わがままを許してくれ。最後まで闘わせてくれ」と言ってきかなかった。

吉原とともに「第三文明展」の運営に取り組んだ北原芳子(東京・町田市、南王者区婦人部主事）。「たまには早く帰って休めば、と声をかけても、結局明け方まで働くことが多かった。目が見えなくなる前にすべてやっておこうと思っていたのかもしれません」。

一人の弟子のため

一九七一年（昭和四十六年）の三月末、吉原は倒れた。「第三文明新人展」や「第三文明華展」に取り組んでいた。搬送先の中野総合病院に池田からの見舞いが何度も届いた。

吉原から仕事を引き継いだ高田新平（東京・東大和市、区本部長）。「お見舞いに行って仕事の話になると『あの資料はあの棚の何段目にある』とすべて覚えておられ、『本部職員の仕事はこのようにするのか』と教わった」。高田が「早く元気になって職場で仕事を教えてください」と声をかけても、吉原はうなずかなかった。「うそになると知っていたのでしょう。自分に厳しい方でした」。

「これは高橋雪枝さん（第一宮城総県婦人部総主事）が教えてくれた話です」と、吉原の姉の渡辺公子（宮城、婦人部副本部長）は語る。「弟が携わっていた東京での美術展で、受付に池田先生が立って、自ら絵はがきなどを販売されていたのです。そして『今日は吉原浩一君に代わって、ぼくが受付をやっているんだよ』と言われたそうです」。

吉原は五月中旬に腹膜炎や尿毒症を併発。危篤に陥ったが、回復した。その時、新潟にいた池田も居合わせたメンバーとともに唱題を重ねている。意識を取り戻した吉原は、家族に「ぼくは死魔に勝ったよ。楽になった」と微笑んだ。「それまでと全然違う表情になったので驚きました。浩一は『ぼくは必ず先生のそばに帰ってきますから』と話していました」（母の吉原しづ子）。

「それからの十日間ほど、親子で語り合う様子は本当に幸せそうでした」（姉の渡辺公子）。

吉原は父の正三郎と互いに御書（日蓮の遺文集）の講義をし、俳句を詠み合った。六月一日、父の腕に抱かれて息を引き取った。その日は二十九歳の誕生日だった。

池田が大沼湖畔で、初めて満月にレンズを向けたのは、吉原浩一の死の八日後である。

◇

遺族への励ましは、その後も続いた。九年後の夏。池田は聖教新聞の連載「忘れ得ぬ同志」で、吉原の人生を紹介している。新聞掲載の直前、男子部牙城会の「第一回全国柔剣道大会」に集まった四二〇〇人の前で発表した（一九八〇年八月三十一日、

春の日差しに彩られた花や木々に包まれ、カメラを通して〝対話〟する池田と妻の香峯子（1994年3月、静岡・熱海市）©Seikyo Shimbun

創価大学)。それは第三代会長の辞任後、池田が初めて参加した大規模な行事だった。

「生前の吉原浩一君は、注目されたこともなく、むしろきわめて目立たない人であった。しかし……新文化の創造に全魂をふりしぼってきた青年であった……」

長文が読み上げられるなか、吉原をよく知る友人たちは涙をこらえきれなかった。

その一人が語る。

「じつは吉原君は中学時代、柔道部だったんです。黒帯もとっていた。その彼を讃える文章を、先生はわざわざ、柔剣道大会の場を選んで発表された。一人の弟子をここまで大事にされるのか、と心が震えました」

◇

「先生から『月の写真を撮る時は〝月天子よ、わが友を護り給え〟という思いを込めてシャッターを切るんだよ』と何度かうかがったことがあります」(大黒覚、北海道主事)

月の写真を池田から贈られた時、吉原正三郎は五十七歳だった。五三年(同二十八年)に信心を始め、東北六県すべてで学会の地区づくりに奔走した、草創期の柱の一人である。その後も総宮城総主事や副東北長などを歴任した。

「夫は、浩一が死ぬまで身につけていた腕時計をはめて東北六県を回りました。相談や信心指導を受けるために、自宅まで来られる学会員さんが年間一〇〇〇人を超える時もありました。九十二年の生涯を、先生の弟子として生き抜いた夫でした」（吉原しづ子）

池田が撮った大沼湖畔の満月の写真は、今もしづ子の部屋に大切に飾ってある。

多くの人を励まし続ける池田会長の心を映した写真

篠山紀信（写真家）

僕が池田ＳＧＩ会長と初めてお会いしたのは、一九七三年三月四日、『生命を語る』という池田会長の新刊本のポスター写真を撮影した時のことです。その日は、東京農業大学（世田谷区）で学ぶ創価学会の学生部員の方たちが「現代農業展」を企画し、池田会長をはじめ区内の四六〇〇人の学会員さんが招待されていたそうです。大学の体育館では記念撮影も行われていました。高い撮影台に何百人もの人が並んで待っていたことを覚えています。記念撮影が終わり、次の記念撮影の準備をする間、池田会長が控え室に寄られ、そこで僕が撮る、ということを何度か繰り返しました。

撮影した場所はスタジオでもないし、決して条件は良いと言えませんでした。それに、カメラを前にすると殻にこもって権威的になってしまう人もいるので、相手の気持ちをほぐすのが僕の役目なのですが、池田会長の場合は、全くそうではありませんでした。初対面なのに、僕をふっと受け入れてくれて、僕のほうが包まれているような感じなのです。人間的にとても大きい方で、ある意味、カメラマンに魔法をかけているのではないか、とさえ思いました。

僕は前もって、春色のカーディガンを用意していただくよう、お伝えしておきました。堅いイメージのスーツ姿より、気分がふっとほぐれた瞬間のほうが人間味というか、魅力が出ます。そこを撮りたいと思ったからです。後に、書店や電車の中吊り広告に使われた、空色のカーディガンを着た池田会長の写真には、大きな反響が寄せられたと聞きました。

僕と池田会長は、お互いに写真集を何冊か贈り合っています。写真を撮る時は、見たい、撮りたいという欲望が湧き、動き回りたいと思うものです。しかし、池田会長はスケジュールも決まっているし、そんな時間はなかなかなかったと思います。

だから、僕は、池田会長の写真を拝見して、「もっと自由に動きまわりたかったんじゃないかなあ」と感じたこともありました。でも、決められた行動範囲の中で、心の琴線に触れたものに、すかさずシャッターを押されています。飛行機の中から、車窓から、また、夜に月を撮るなど……。そういったところで、面白い視線をもっているな、とか、よくこういうものをちゃんと撮れるな、と感心する部分は、多々あります。写真を撮ろう、という相当の意欲があり、さらに、自分の美意識を活性化していかなければできることではありません。常にその気持ちを持ち続けているというのは、すごいことです。プロのカメラマンは目的があって撮っているわけですが、池田会長の写真には、純粋（じゅんすい）に心が反映されています。その意味で、写真にお人柄が出ているのでしょう。

写真には、人を歓喜させ、エネルギーを湧かせる力があります。人の心をざわめかせたり、元気にしたりする力です。池田会長の、心を映した写真はこれからも多くの人を励まし続けるでしょう。

民衆が「一流」に触れられる環境を整えてくださった

新渡戸常憲（新渡戸記念館館長・音楽学博士・音楽評論家）

創価学会の牧口常三郎・初代会長と新渡戸稲造には親交があり、稲造は知識を深めるなかで、牧口会長の取り組みが重要だと考えている。封建的な日本社会に西洋の教育体系がどんどん入ってくるなか、牧口会長が独自に打ち立てた『創価教育学体系』が画期的であると稲造は評価したのだ。

牧口会長の思想は戸田城聖・第二代会長、そして第三代会長の池田SGI会長に脈々と受け継がれている。牧口会長と稲造に交流があったことから、池田SGI会長をはじめとする創価学会の皆様は新渡戸家の先人の事績を折に触れて宣揚してくださった。新渡戸家の八代目である私にとって、これほどありがたいことはない。

また、民主音楽協会（民音）が擁する民音音楽博物館では二〇一〇年に「ショパン生誕２００年展」が開かれ、翌一一年には「輝(かがや)けるロマン派の作曲家たち～リスト生誕２００年～展」が開かれている。ショパンやリストは音楽学を専攻してきた私が非常に尊敬する音楽家であり、いずれの展覧会でも記念講演会に講師としてお招きいただいた。

ショパンやリストは、十九世紀を代表する偉大な作曲家だ。当時は王侯貴族の楽しみでしかなかった音楽を、リストやショパンは広く民衆に解放することに成功している。

『民衆こそ王者　池田大作とその時代』を読み、池田ＳＧＩ会長が創立された民音や東京富士美術館の歴史についてあらためて確認した。本の表題にもなっているとおり、「民衆こそ王者」という思想はまったく正しい。池田ＳＧＩ会長は、リストやショパンと同じく民衆に一流の芸術を解放したのだ。

新渡戸稲造は「世界を知るためには、自分の目で本物を見ることが大切だ」と考えた。ゆえに海外の文献が翻訳されるのを待つのではなく、若いときに海外に出かけて直接「本物」に触れている。池田ＳＧＩ会長もまた、稲造と同じように「本物」に触れる経験を重視した。

世界ではさまざまな問題が起こっているが、芸術は宗教や人種の違いを乗り越える。

誰もが喜びを分かち合える本物の芸術に、直接触れられる場を現実にした池田ＳＧＩ会長の文化・芸術への取り組みは、まことに素晴らしい。『民衆こそ王者』で紹介されているとおり、故・吉田秀和氏（音楽評論家）をはじめとする多くの識者が、民音や東京富士美術館の取り組みを評価しているのは当然だと思う。

一流と二流、三流の違いを瞬時に見極めるためには「いきなり一流に触れる」ことが一番の近道だ。池田ＳＧＩ会長は民衆一人ひとりのために、「いきなり一流に触れられる場所」を整えてくださった。

民音や東京富士美術館のおかげで、私たちは世界で認められた本物をこの目で見ることができる。池田ＳＧＩ会長がこういう環境を整えてくださったことに、私は深く感謝の思いを表する。

◆小説『新・人間革命』とのおもな関連

（各巻の概要は創価学会公式サイトから）

■第１章　「文化」を取り戻せ①民主音楽協会（上）

■第２章　「文化」を取り戻せ②民主音楽協会（下）

・『新・人間革命』第３巻（「平和の光」）

山本伸一らはビルマ（現在のミャンマー）へ。そこは長兄の戦死と、インパール作戦の舞台だった。伸一の回想は、戦中の思想統制から、牧口会長の殉難、世界平和への構想へと。タイ、カンボジアを経て香港に戻った伸一は、アジア各地に地区を結成。東洋広布は大きく開かれた。

・『新・人間革命』第８巻（「清流」）

1963（昭和38）年７月28日、言論部の第１回全国大会。伸一は〝今こそ、民衆救済のために、正義の言論の剣をとって前進しよう〟と訴え、新たな言論運動を提示する。８月度の男子部幹部会では「世界広布の歌」が発表。９月には信濃町の新学会本部が落成。10月には民音の発足……。こうした前進のなか、ある地方で、幹部の金銭詐取（さしゅ）事件が発覚。幹部の不祥事を通し、広布の組織を攪乱（かくらん）する魔の本質を究明する。

・『新・人間革命』第10巻（「新航路」）

1965（昭和40）年10月、本門の戒壇となる正本堂建立の供養の受け付けが開始される。伸一は10月度本部幹部会を終え、ヨーロッパへ。パリでは、ヨーロッパ本部を2本部に分轄し、ヨーロッパ総合本部の設置を発表。アフリカの友への激励も。西ドイツでは、日本から世界広布への決意に燃えて移住した青年たちの活躍をたたえ、最大の励ましを送った。イタリア訪問では、民音の招聘（しょうへい）によるミラノ・スカラ座の日本公演実現への努力が綴られる。

・『新・人間革命』第30巻　「暁鐘」

1981年（昭和56年）、伸一はイタリアを訪問。ミラノ・スカラ座のカルロア・バディーニ総裁を訪ねる。この年の秋、民音の招聘でスカラ座の日本公演が行われることになる。

■第３章　「文化」を取り戻せ③東京富士美術館

・『新・人間革命』第５巻（「開道」）

東西冷戦で分断された象徴の地を、必ずや平和の象徴に――ベルリンを訪問した後、ケルン、アムステルダム、パリ、ロンドンと、平和への扉を開き、ヒューマニズムの種子を蒔（ま）く「開道」の旅を続けた。パリでは、世界屈指の美術館である「ルーブル美術館」を訪れる。

■第４章　写真――人生を照らす光（上）

■第５章　写真――人生を照らす光（下）

・『新・人間革命』第15巻（「開花」）

「大河の時代」を進む学会は、いよいよ、その仏法の哲理を現実社会のうえに開花させる時を迎えていた。伸一は、1971（昭和46）年６月、牧口初代会長の生誕100年に際し、この大河を開いた創価の源流の先師への感謝の思いを募らせる。２日後には、北海道へ飛び、激励行の合間に月の写真を撮影。彼の写真は、やがて「自然との対話」写真展に発展し、新たな民衆文化の波を起こすことになる。

第一章〜第三章　『民衆こそ王者Ⅲ』
第四章〜第五章　『民衆こそ王者Ⅳ』
識者の声　『民衆こそ王者Ⅴ』

文庫化にあたり、修正・加筆しました（一部、敬称を略しました）。

文中の年齢、肩書き等は連載時のものです。また、引用文中のルビは編集部によるものです。

御書の引用は、『新編　日蓮大聖人御書全集』（創価学会版）を（御書　ジペー）と表記しました。

USHIO
WIDE BUNKO
003

『民衆こそ王者』に学ぶ
「民音・富士美」の挑戦

二〇一八年五月二十日　初版発行
二〇一八年八月二十四日　二刷発行

著　者　「池田大作とその時代」編纂委員会
発行者　南　晋三
発行所　株式会社　潮出版社
〒102-8110
東京都千代田区一番町6一番町SQUARE
電話／03-3230-0781（編集部）
03-3230-0741（営業部）
振替／00150-5-61090
印刷・製本　中央精版印刷株式会社

ISBN978-4-267-02143-5 C0195

[http://www.usio.co.jp]